KurzCHECK Aufsichtspflicht für sozialpädagogische Berufe

von Heiner Ahnemann

2., überarbeitete Auflage

Handwerk und Technik – Hamburg

Inhaltsverzeichnis

Download-Service

Hilfreiche Formulare, im Text gekennzeichnet (☛ Musterformulierung als Download), stehen Ihnen auf www.handwerk-technik.de zum kostenlosen Download zur Verfügung: Die PDFs finden Sie auf der Produktseite dieses KurzCHECKs.

GRUNDSÄTZLICHES ZUR AUFSICHTSPFLICHT

1

Für die Sicherheit und den Schutz der ihr anvertrauten Kinder und Jugendlichen sorgen zu können, gehört zweifellos zu den **Basiskompetenzen einer Erzieherin[1].** Kinder und Jugendliche vor Gefahren zu bewahren ist sowohl mit **hohen Erwartungen** an die Verantwortlichkeit der Erzieherin als auch mit hohen Anforderungen an ihre Übersicht und Organisationsfähigkeit verbunden.

So ist es nicht verwunderlich, dass insbesondere dieser Bereich ihrer praktischen Ausbildung viele Berufsfach- und Fachschülerinnen der Sozialpädagogik stark verunsichert und viele Fragen aufwirft. **Diese Fragen zu beantworten und Anleitung für den sicheren Umgang** auch mit schwierigen Aufsichtssituationen zu geben, ist Aufgabe diese „Kurzchecks: Aufsichtspflicht". Dabei stehen nicht so sehr die rechtlichen Grundlagen oder Gerichtsurteile zu Aufsichtspflichtverletzungen im Vordergrund als vielmehr die sich daraus ergebenden Konsequenzen für die Aufsichtsführung.

§ 832 BGB
Haftung des Aufsichtspflichtigen

(1) [1]Wer kraft Gesetzes zur Führung der Aufsicht über eine Person verpflichtet ist, die wegen Minderjährigkeit oder wegen ihres geistigen oder körperlichen Zustands der Beaufsichtigung bedarf, ist zum Ersatz des Schadens verpflichtet, den diese Person einem Dritten widerrechtlich zufügt. [2]Die Ersatzpflicht tritt nicht ein, wenn er seiner Aufsichtspflicht genügt oder wenn der Schaden auch bei gehöriger Aufsichtsführung entstanden sein würde.

(2) Die gleiche Verantwortlichkeit trifft denjenigen, welcher die Führung der Aufsicht durch Vertrag übernimmt.

---

1 Der sprachlichen Vereinfachung und besseren Lesbarkeit wegen wird hier nur die weibliche Form benutzt. Ebenso sind mit Eltern auch immer andere Personensorgeberechtigte gemeint. Wenn vom „Kind" die Rede ist, sind in der Regel auch minderjährige Jugendliche inbegriffen.

Aufsichtspflicht

Die Gliederung des Buches folgt der allgemeinen Interpretation des Aufsichtsparagraphen im **BGB (Bürgerliches Gesetzbuch)** und der darauf Bezug nehmenden Rechtsprechung von Gerichten.

Aufsichtspflichtige sind danach in erster Linie die Eltern, aber auch andere aufgrund von Gesetzen Personensorge- und Erziehungsberechtigte wie Adoptiv- und Pflegeeltern, Lehrerinnen oder Betreuerinnen. Absatz 2 stellt aber klar, dass in gleichem Maß diejenigen verantwortlich sind, die durch einen Arbeitsvertrag als Erzieherin oder als Praktikantin durch eine Praktikumsvereinbarung aufsichtspflichtig geworden sind.

Die Eltern oder andere Personensorgeberechtigte übertragen durch einen **Betreuungsvertrag** die Aufsichtsführung über ihr minderjähriges Kind oder Jugendlichen auf längere Zeit oder für einen Teil des Tages auf den Träger der Kindertages- oder Jugendhilfeeinrichtung. Der Träger **delegiert** diese Verpflichtung mittels **Arbeitsvertrag und Stellenbeschreibung** auf seine Mitarbeiterinnen. Auch die eventuell nur mündliche Vereinbarung zwischen Einrichtungsleitung und Praktikantin wird als ein Vertrag angesehen, bei der die Praktikantin ihre Mitarbeit gegen Ausbildung in der Einrichtung tauscht.

Nach § 832 BGB bedürfen **Minderjährige,** und damit alle Kinder und Jugendliche, die noch keine 18 Jahre alt sind, der Beaufsichtigung. Aber auch volljährige Erwachsene können **aufsichtsbedürftig** sein, weil sie krank oder auf andere Weise körperlich und/oder geistig eingeschränkt sind.

Aufsichtsführung geschieht immer in **dreierlei Hinsicht.** Der Aufsichtspflichtige muss durch seine Aufsichtsführung sicherstellen, dass das Kind, der Jugendliche oder anders Aufsichtsbedürftige

- **sich nicht selber schädigt,**
- **keine Anderen (Dritte) schädigt,**
- **durch Andere geschädigt wird.**

Während wir den besonderen Anforderungen an die Aufsichtsführung bezüglich der einzelnen Altersgruppen und Entwicklungsständen ein erstes Kapitel widmen, verweisen wir hinsichtlich der spezifischen Erfordernisse bei der Beaufsichtigung von kranken Kindern, Jugendlichen und Erwachsenen sowie solchen mit Behinderungen auf andere Veröffentlichungen. (Siehe hierzu auch: KurzCHECK Unfällen im Kindesalter vorbeugen: Erste Hilfe leisten, HT4725).

Haftung

Diese rechtlichen Zusammenhänge wie auch der Begriff der **Haftung** machen deutlich, dass für die rechtliche Grundlegung der Aufsichtspflicht und insbesondere für Fragen des Schadenersatzes im Falle der Aufsichtspflichtverletzung nicht nur der § 832 BGB maßgeblich ist, sondern viele weitere gesetzliche Bestimmungen zum **Familienrecht**

(Personensorge), zum **Schuld- und Vertragsrecht, Arbeits- und Versicherungsrecht** sowie **weiteres öffentliches Recht wie Schul- und Sozialversicherungsgesetze** eine je nach Fall mehr oder weniger bedeutende Rolle spielen.

Haftung: Bedeutet eine Verpflichtung zum Ersatz des Schadens, der sich aus der vorsätzlichen oder fahrlässigen Vernachlässigung der gebotenen Sorgfalt bei der Ausübung einer gesetzlichen oder vertraglichen Pflicht, hier der Aufsichtsführung, ergibt.

Beweislast beim Aufsichtspflichtigen

Die „Haftung des Aufsichtspflichtigen" wird laut BGB grundsätzlich als gegeben angesehen. Das heißt, es wird zunächst einmal angenommen und davon ausgegangen, dass die Schädigung des Dritten, die außer bei Notwehr, Notstand oder Einwilligung des Dritten in der Regel widerrechtlich ist, in **Folge der Vernachlässigung der Aufsichtspflicht** entstanden ist. Das bedeutet im rechtlichen Sinne, dass die **Beweislast beim Aufsichtspflichtigen** liegt. Von der Verpflichtung zum Schadensersatz kann man sich dabei nur in zweierlei Hinsicht entlasten:

1. Man weist nach, dass der **Schaden „auch bei gehöriger Aufsichtsführung"** entstanden wäre, weil dessen Ursache eben nicht in der vernachlässigten Aufsicht liegt, sondern in einem anderen Zusammenhang steht (z.B. mit einem bis dahin unerkannten Herzfehler eines Kindes, der zum Ertrinken bei einem Schwimmbadbesuch führt).

2. Man weist nach, dass man **alles Zumutbare und Naheliegende** getan hat, um gewissenhaft seiner Aufsichtspflicht nachzukommen.

Kann ein solcher Nachweis nicht geführt werden, muss der Aufsichtspflichtige **für das Fehlverhalten seines Schutzbefohlenen haften,** d.h. den durch ihn verursachten Schaden ersetzen. Diese Haftung des Aufsichtspflichtigen soll in erster Linie den Minderjährigen vor Nachteilen schützen, dessen Fehlverhalten durch die richtige Aufsichtsführung hätte verhindert werden sollen.

Allerdings **haften auch Kinder** schon ab 7 Jahren, wenn sie in der jeweiligen Situation über die Fähigkeit verfügen, ein- und vorauszusehen, dass ihr Handeln zur Schädigung von Personen und/oder Sachen führen könnte. Diese Fähigkeit wächst in der Regel mit zunehmenden Alter. Verfügen Kinder oder Jugendliche über diese **Einsichtsfähigkeit** nicht, was im Übrigen für die noch nicht Siebenjährigen von Vornherein angenommen wird, dann haftet der Minderjährige auch nicht. *Beispiel:* So kann im Falle eines Jugendlichen, der auf einer Ferienfahrt einen Dritten geschädigt hat, das Verschulden des Jugendlichen rechtlich stärker wiegen als die Aufsichtspflichtverletzung des Jugendgruppenleiters. In einem solchen Fall hat nämlich die Haftung nach §823 BGB [Schadensersatzpflicht] **Vorrang gegenüber der**

Haftung nach § 832 BGB. Vorausgesetzt der Jugendliche hatte die erforderliche Einsichtsfähigkeit, muss er ggf. alleine haften.

§ 832 BGB regelt nur den **Schadenersatzanspruch eines Dritten,** eines Außenstehenden also, wobei dies auch ein Kind der Gruppe sein kann, wenn es durch ein anderes geschädigt wurde. Er regelt damit nicht die **Haftung des Aufsichtspflichtigen gegenüber dem zu Beaufsichtigenden** im Falle einer Schädigung. Dafür gibt es den **§ 823 BGB**, der den Aufsichtspflichtigen zum **Schadensersatz** für die Vernachlässigung seiner Sorgfalt verpflichtet.

Vorsatz und Fahrlässigkeit

Ob und inwieweit die aufsichtspflichtverletzende Erzieherin für den entstandenen Schaden tatsächlich selbst aufkommen muss und welche weiteren Folgen zu erwarten sind, hängt zum einen davon ab, ob ihr Fehlverhalten als **vorsätzlich oder fahrlässig** anzusehen ist, und zum anderen davon, wie sie versichert ist.

Vorsatz meint, dass man darum weiß oder es billigend in Kauf nimmt, dass die eigene Handlung zu dem erwartbaren oder sicheren „Erfolg" führt, wie der Jurist sich ausdrückt, auch wenn es sich beim „Erfolg" um ein Schadensereignis handelt.

Beispiel: Das liegt für unser Thema dann vor, wenn die zurzeit einzige aufsichtsführende Kraft eine vermeintliche Gelegenheit nutzt, die 3- bis 6-jährigen Kinder ihrer Gruppe eine Zeit lang allein zu lassen, um sich etwas vom Bäcker um die Ecke für die nächste Pause zu besorgen.

Wenn vorsätzlich oder fahrlässig gehandelt wurde, wirkt sich dies auf die Schadenshaftung in der Weise aus, dass gegebenenfalls auf den Schädiger **Regress** genommen werden kann. Unfall- und Krankenkassen sowie Träger von Einrichtungen, die zunächst einmal für die Kosten geradestehen, können bei Vorsatz oder „grober Fahrlässigkeit" diese ganz oder teilweise vom Schadensverursacher zurückfordern.

Vorsatz bei einer Aufsichtspflichtverletzung kann auch bedeuten, dass es zu einer **strafrechtlichen Verfolgung** wegen Körperverletzung (evtl. mit Todesfolge), Sachbeschädigung, Misshandlung von Schutzbefohlenen oder anderen Delikten kommt.

Im Falle eines minderschweren Verschuldens einer Fahrlässigkeit wird davon abgesehen, Erzieherinnen und andere Erziehungsberechtigte bei ihrer so schon risikoreichen Tätigkeit auch noch mit Kriminalisierung zu bedrohen. Bei einer strafrechtlichen Anschuldigung dreht sich die Beweislast wieder um, sodass die Staatsanwaltschaft den Tatbestand und den Vorsatz nachweisen muss.

Fahrlässigkeit meint dagegen, dass man die im Umgang miteinander erwartbare übliche Sorgfalt und Vorsicht nicht hat walten lassen. Dabei will der Aufsichtspflichtige zwar den „Erfolg" (das Schadensereignis) nicht. Er weiß aber um dessen Möglichkeit und handelt trotzdem, weil er darauf hofft, dass es schon gut gehen wird. **Unbewusst fahrlässig** handelt, wer es zwar hätte voraussehen können (und natürlich auch sollen), dass es gefährlich wird, aber dies aus irgendeinem Grund nicht bemerkt, sich der Gefährdung also gar nicht bewusst wird.

Zum Beispiel handelt ein Jugendgruppenleiter fahrlässig, der es versäumt seine Gruppe vor der Benutzung eines Sessellifts über das richtige Verhalten dabei zu informieren.

Vom Grad des Verschuldens hängen in der Regel auch die **arbeitsrechtlichen Konsequenzen** ab, die sich aus der Aufsichtspflichtverletzung einer Erzieherin ergeben können. Das kann eine mündliche oder schriftliche Abmahnung sein, aber ggf. auch eine Versetzung oder gar Kündigung.

Versicherung

Eine „grob fahrlässige", also bewusst fahrlässige Handlung kann, wie schon erwähnt, Grundlage von Regressforderungen sein. Ansonsten wird aber **auch fahrlässiges Handeln versicherungsmäßig abgedeckt.** Da ist zum einen der **gesetzliche Unfallversicherungsschutz,** der für alle Nutzerinnen und Beschäftigte im gesamten Bildungssystem einschließlich der Kitas gilt. Allerdings kommt dieser Schutz nur für Personen-, nicht für Sachschäden auf. Zum anderen ist da die **Betriebshaftpflichtversicherung** des Trägers der Einrichtung oder Maßnahme, die deswegen zum Zuge kommt, weil der Träger sich mittels Arbeitsvertrag der Erzieherin als einer Gehilfin bedient, seiner Verpflichtung gegenüber den Eltern – hier zur Aufsichtsführung – nachzukommen. Dann muss er nach § 278 BGB bei einem Fehlverhalten der Erzieherin den dadurch verursachten Schaden ersetzen.

Schließlich sei jeder Erzieherin empfohlen, für versicherungsrechtliche Restrisiken eine **Berufshaftpflichtversicherung** abzuschließen. Die gibt es für ein paar Euro mehr als Erweiterung der privaten Haftpflichtversicherung oder man erhält sie als Mitglied einer Gewerkschaft oder Berufsverbandes für Erzieherinnen. Dies lohnt allemal, da es im Fall des Falles – etwa einer dauerhaften Behinderung – auch um Hunderttausende und mehr Euro gehen kann.

Grundsätze einer verantwortlichen Aufsichtsführung

Was aber können wir tun, um den Schadens- und Haftungsfall in verschiedenen Situationen zu vermeiden? Zur Beantwortung dieser Frage muss zunächst einmal geklärt werden, was eine **„gehörige" Aufsicht** eigentlich ist. Das Gesetz enthält dazu aus guten Gründen, insbesondere um möglichst allgemein anwendbar zu sein, keine näheren Hinweise. Doch haben Gerichte in vielen aufsichtsrechtlichen Prozessen und insbesondere der Bundesgerichtshof in höchstrichterlichen Urteilen klargestellt, was in dieser Hinsicht **von Aufsichtspflichtigen zu erwarten** ist.

In diesen Urteilen wird deutlich, dass der Gesetzgeber und die Rechtsprechung von Erzieherinnen als besonders dafür ausgebildete **„Garanten"** hinsichtlich einer guten Aufsichtsführung mehr erwarten als etwa von Eltern in vergleichbaren Situationen. Aber auch, dass diese Erwartungen nicht dahingehen, die anvertrauten Kinder und Jugendlichen sprichwörtlich „in Watte zu packen". Vielmehr geht es aus juristischer Sicht in der Erziehung darum, die mit der Entwicklung der Minderjährigen **zunehmende Selbstständigkeit** zu berücksichtigen und zu fördern. Kindern und Jugendlichen sollen **Kompetenzen im Umgang mit Gefahren vermittelt werden.** Das geht aber nur, indem nicht jede mögliche Gefährdung ausgeschlossen wird, sondern Gelegenheit gegeben wird, in einem kontrollierten Rahmen mit Risiken vernünftig und geschickt umzugehen.

Wie weit diese Zumutung an den sicheren Umgang mit der jeweiligen Situation geht, was also jeweils **„gehörig"** ist, hängt von verschiedenen Faktoren ab, auf die die weiteren Abschnitte dieses Kurzchecks eingehen. Zu den Faktoren gehören diejenigen, die **in der Person des zu Beaufsichtigenden** begründet liegen, also die in Kapitel 2 dargestellten **Besonderheiten im Verhalten,** die einzelne Kinder und Jugendliche entsprechend ihrem Entwicklungsstand und ihren persönlichen Verhältnissen zeigen können.

Dies hat unmittelbar Auswirkungen sowohl auf die Art und Weise, als auch auf das Ausmaß der Aufsicht.

Des Weiteren spielt die **Gruppe** der Kinder oder Jugendlichen als Ganzes, ihre Größe, Zusammensetzung und Dynamik eine Rolle. Dazu einige Anmerkungen in Kapitel 3.

Das Maß der Aufsicht hängt ebenso davon ab, welche **Art von Tätigkeit** für die Minderjährigen durchgeführt wird und welche **pädagogischen Ziele oder methodisch-didaktischen Ansätze** damit verbunden sind. Der Spaziergang entlang einer stark befahren Straße erfordert andere Ansprüche an die Aufsichtsführung als der Besuch eines eingefriedeten Spielplatzes. Dazu mehr in Kapitel 4.

Wie schon angedeutet, hängt die gehörige Art der Aufsichtsführung auch von der **örtlichen Umgebung** ab, worauf Kapitel 5 eingeht.

Kapitel **6** weist auf die sicherheitsrelevanten Aspekte im **Umgang mit Materialien und Geräten** hin. Damit sind nicht nur die bekannten „Messer, Gabel, Schere, Licht" gemeint, sondern insbesondere offenes Feuer und Elektrogeräte.

Abschließend wird im Zusammenhang mit der Frage der Zumutbarkeit auf die Aufsichtsführung durch **Praktikantinnen** und **mitarbeitende Eltern** eingegangen (Kapitel 7). Damit geht es also um Bedingungsfaktoren der Aufsichtsführung, die mit der **Person des Aufsichtsführenden,** also Alter, Erfahrung, Ausbildung, Beeinträchtigungen u.A., zusammenhängen.

Durchgehend als **Gliederung der einzelnen Themen** findet die interessierte Leserin zu jedem Teilaspekt der Aufsichtsführung

- eine Fallschilderung, die die spezifische Problematik aufwirft,
- wichtige rechtliche und lebenspraktische Erläuterungen für diesen Zusammenhang und
- eine Checkliste der jeweils zu beachtenden Aufsichtsaspekte.

> **MERKE**
>
> Die Erzieherin/Praktikantin hat als **Aufsichtspflicht** die …
>
> **1. Pflicht zur Information**
>
> Sie muss sich vor der Übernahme von Aufsichtsverantwortung über die **persönlichen Verhältnisse der Aufsichtsbedürftigen** informieren (und auch informiert werden!). Das heißt, sie sollte alle **Umstände, die in der Person des Aufsichtsbedürftigen wurzeln** und für die konkrete Gestaltung der Aktivitäten generell wichtig sind oder im Einzelfall wichtig sein können, kennen (z.B. Behinderungen, Krankheiten, Medikamenteneinnahme, Allergien, Schwimmer/Nichtschwimmer, sportliche Fähigkeiten).
>
> Außerdem muss sie die **Besonderheiten der örtlichen Umgebung** kennen, d.h. alle Umstände, die in der örtlichen Umgebung des Aufenthaltes der Gruppe begründet sind, egal, ob diese Umstände von der Erzieherin/Praktikantin bzw. der Gruppe beeinflusst werden können oder nicht. Sie muss sich also informieren über die • Sicherheit von Gebäude und Gelände, • Notausgänge, • Sicherheit möglicher Spielgeräte, • Notrufmöglichkeiten, • Position des Feuerlöschers, • Erste-Hilfe-Material etc.
>
> Über **Beobachtungen** und ggf. **Befragungen** hat sich die Aufsichtspflichtige einen **eigenen Eindruck der Anvertrauten** zu verschaffen sowie darüber, welchen **Gefahren** die Aufsichtsbedürftigen während der Aktivität ausgesetzt sind.
>
> **2. Pflicht zur Vermeidung von Gefahrenquellen**
>
> Die Erzieherin/Praktikantin darf selbst **keine Gefahrenquellen schaffen und muss erkannte Gefahrenquellen unterbinden,** wo immer ihr dies selbst auf einfache Art und Weise möglich ist. Die Anzahl der vorhandenen und drohenden Gefahrenquellen bestimmt entscheidend das **Maß der tatsächlichen Beaufsichtigung.**
>
> **3. Pflicht zur Warnung vor Gefahren**
>
> Von Gefahrenquellen, auf deren Eintritt oder Bestand die Erzieherin/Praktikantin keinen Einfluss hat, sind die Aufsichtsbedürftigen **entweder fernzuhalten (Verbote), zu warnen oder es sind ihnen Hinweise zum Umgang mit diesen Gefahrenquellen zu geben.** Dies muss selbstverständlich **altersgerecht** geschehen und somit sichergestellt werden, dass sie von

den Aufsichtspflichtigen tatsächlich verstanden werden, z.B. auch durch Vormachen und durch Nachfragen. Die Erzieherin/Praktikantin sollte dabei mit der **Einsicht** in die Notwendigkeit von Verboten und Verhaltensgeboten arbeiten, so dass Hinweise und Verbote tatsächlich auch beachtet und befolgt werden.

4. Pflicht zur tatsächlichen Aufsichtsführung

Hinweise, Belehrungen und Verbote reichen in der Regel aber nicht aus. Die Erzieherin/Praktikantin muss sich nämlich **stets vergewissern, ob diese von Aufsichtsbedürftigen auch verstanden und befolgt werden.** Dies ist die Verpflichtung zur **tatsächlichen Aufsichtsführung.** Die Aufsichtspflichtige muss diese in der nach den gegebenen Umständen gebotenen **Sorgfalt** ausführen.

Das **Maß der tatsächlichen Aufsichtsführung** hängt also von **Faktoren** ab wie

- Alter der Kinder / Jugendlichen
- Gruppengröße und -zusammensetzung
- Anzahl und Beherrschbarkeit der vorhandenen Gefahrenquellen
- Gefährlichkeit der Aktivität
- Anzahl der Mitbetreuer.
- ihre persönlichen Verhältnisse
- örtliche Verhältnisse

Grundsätzliche Checkliste zur Aufsichtsführung

- ☐ Ich bin stets darüber **informiert,** wo sich die mir anvertrauten Kinder und Jugendlichen befinden und was sie tun.
- ☐ Ich habe generell alle **Vorkehrungen** zum Schutze der mir Anvertrauten und Dritter getroffen.
- ☐ Ich habe in der jetzigen Situation **alles Zumutbare** getan, was vernünftigerweise unternommen werden muss, um Schäden zu verhindern.

Wenn dies jeweils abgehakt werden kann, wird die Erzieherin oder Praktikantin ihre Aufsicht „gehörig" führen.

PERSON DES ZU BEAUFSICHTIGENDEN

2

2.1 Alter/Entwicklungsstand

Der Fall:
(1) In der Kita „Stoppelhopser" werden seit August in altersgemischten Gruppen auch Kinder unter 3 Jahren betreut. Der 2 Jahre alte Jannis ist in einem unbeobachteten Moment aus seinem Gruppenraum im 1. Stock gelaufen und hat sich auf den Weg zum Bauteppich – im Erdgeschoss – gemacht. Da er die Treppe allerdings noch nicht sicher allein bewältigen kann, stürzt er und schlägt sich zwei Schneidezähne aus.
(2) Eine Mutter empört sich in einem Internet-Forum: „Heute morgen kam dann ein Anruf, der Kleine sei gefallen. Vom Dreirad runter und mit dem Kopf gegen das Treppengeländer! Blaue dicke Beule am Kopf und ein dickes, leicht blaues Augenlid!! Und das Schlimmste ist, ich kann froh sein, dass er mit dem Dreirad nicht die Treppe runtergefallen ist! Es gibt dort kein Türgitter oder sonst was an der Treppe!! Ich hab' es schon ein paarmal erwähnt, aber ohne Erfolg und auch gesagt, dass mir das Sorgen macht! Hätte da nicht jemand besser aufpassen müssen?"
(3) Auf einer Feier hatten Kinder unter Anleitung des Aufsichtspflichtigen mit Tennisbällen auf Dosen geworfen. Von der letzten Mahlzeit her waren die Gläser auf dem Tisch stehen geblieben. Einige Kinder begannen, sich die Tennisbälle gegenseitig zuzuwerfen. Hinterher war es umstritten, wie lange dieses Hin- und Herwerfen andauerte und ob die aufsichtspflichtige Betreuerin noch anwesend war. Jedenfalls traf ein Ball eines der Gläser auf dem Tisch und die Glassplitter verletzten ein Kind am Auge.

Wie muss die Aufsichtsführung hinsichtlich der entwicklungsbedingten Besonderheiten von Kindern und Jugendlichen beachtet werden?

Altersübergreifendes: Durch die **wachsenden Fähigkeiten** und das **zunehmende Bedürfnis** des Kindes bzw. Jugendlichen zu selbstständigem, verantwortungsbewusstem Handeln wird das **Maß**

der erforderlichen Aufsicht bestimmt. Das Alter ist dabei nur ein Anhaltspunkt, vielmehr kommt es bei der Bemessung der Aufsicht auf die **tatsächlichen Fähigkeiten und den Entwicklungsstand** der zu betreuenden Kinder/Jugendlichen an. Art und Umfang der Aufsicht hängen also ab von den individuellen Fähigkeiten und Kenntnissen sowie den körperlichen, geistigen und sozialen Kompetenzen der betreuten Kinder oder Jugendlichen.

Es sind die Erzieherinnen, die in Vertretung und Auftrag ihres Arbeitgebers die pädagogische Arbeit am Kind oder Jugendlichen leisten und letztlich den **Rahmen der erforderlichen Aufsichtspflicht** festlegen. Während Krippenkinder **auf Grund ihres Entwicklungsstandes** noch eine sehr umfassende Aufsicht benötigen, können Hortkinder schon in einem erheblichen Umfang Gefahren selbstständig bewältigen und bedürfen daher einer weitaus weniger engen Aufsicht.

Im Laufe der Entwicklung des Kindes kann die Erzieherin mehr und mehr das **Ausmaß der Beaufsichtigung verringern,** und zwar in dem Maße, in dem die **Fähigkeiten** der zu Erziehenden **zu einem sicheren Verhalten zunehmen.** Erzieherinnen sind also in der Weise gefordert, Bildungssituationen zu schaffen, in denen zum einen durch technische Vorkehrungen und Beaufsichtigung Sicherheit geschaffen wird, aber zum anderen auch die **Möglichkeiten zur Entwicklung eines eigenen sicherheitsgerechten Verhaltens** gegeben sind.

Rechtliche und entwicklungspsychologische Hintergründe sowie praktische Konsequenzen …

… für Krippenkinder (0–3 Jahre)

Kinder nehmen ihre Umwelt anders wahr als Erwachsene und bewegen sich in ihrer ganz **eigenen Erlebniswelt.** Aufgabe der Erwachsenen ist, das **Umfeld der Kinder** so zu **gestalten,** dass es ihnen gerecht wird. Anhaltspunkte dafür bieten die Erkenntnisse der Entwicklungspsychologie.

In den ersten Lebensjahren eines Kindes finden ganz **entscheidende und grundlegende Lernprozesse** statt. Im Kleinkindalter werden die Grundlagen für die spätere Entwicklung gelegt. Inwieweit Kleinkinder elementare Entwicklungsaufgaben wie laufen und sprechen zu lernen bewältigen, hängt auch davon ab, welche Unterstützung sie bei ihren Bewältigungsbemühungen erfahren. Eine **adäquate Gestaltung des Umfeldes** fördert die Entwicklung der Kinder, indem sie gleichermaßen ein Ausprobieren und ein sicheres Scheitern ermöglicht.

Unabhängig davon, ob es um die Betreuung von reinen Kleinkindgruppen für Kinder unter drei Jahren (Krabbelgruppen oder Kinderkrippen) oder altersgemischte Gruppen geht, es entstehen in beiden Fällen **neue, veränderte Anforderungen** sowohl an das pädagogische **Konzept** einer Einrichtung als auch an das vorhandene **Raumprogramm.**

Der in diesem Alter unbedingt notwendige Bindungsaufbau und die besondere Anhänglichkeit gerade der Kleinkinder fordern eine entsprechend **ausreichende personelle Ausstattung.** Des Weiteren müssen die pädagogischen Fachkräfte über **spezielles fachliches Wissen** und **erzieherische Kompetenzen** verfügen, denn Kinder dieses Alters können sich nur eingeschränkt selbst artikulieren oder gar selbst reflektieren. Entsprechende Voraussetzungen hinsichtlich des Personals und der weiteren Rahmenbedingung fordert nicht nur das **Tagesbetreuungsausbaugesetz** (TAG), sondern werden auch durch die **Kindertagesbetreuungsgesetze** der Länder und die dazugehörigen Verordnungen vorgegeben.

Die Personalausstattung muss daher die Voraussetzung schaffen, sowohl **viel Zeit für ein Kleinkind zu haben** als auch den älteren Kindern nicht die pädagogische Betreuung zu entziehen. Da auch der Zeitaufwand für die Pflege berücksichtigt werden muss, müssen ausreichend viele Erzieherinnen eingestellt werden, damit **keine Überlastung** entsteht. Überlastete Erzieherinnen können weder für eine individuelle Förderung und Unterstützung in den einzelnen Entwicklungsschritten sorgen, noch können sie im Rahmen ihrer Aufsichtspflicht für eine sicherheitsgerechte Betreuung der Kleinkinder garantieren. Entscheidend zur Entlastung der Erzieherinnen trägt dabei eine **kindgerechte und sichere Gestaltung der Einrichtung** bei.

Checkliste für die Aufnahme von Kleinkindern

Für die Aufnahme von Kleinkindern in Einrichtungen müssen folgende Voraussetzungen erfüllt sein:

- ☐ Die Erzieherinnen sind vor der Aufnahme von Kleinkindern **qualifiziert** worden.
- ☐ **Geeignete bauliche und räumliche Voraussetzungen** sind gegeben.
- ☐ Es werden ein **sicheres Umfeld** und **sicher gestaltete Freiräume,** um selbst agieren zu können, benötigt.
- ☐ **Unterstützungsangebote** begleiten die Betreuung.
- ☐ Es wird eine **Eingewöhnungsphase** unter Einbindung der Eltern und entsprechend professioneller Standards gestaltet.
- ☐ Der **Betreuungsschlüssel** lässt individuelle Beobachtung und Förderung der Kinder zu und **genügt den erhöhten Anforderungen** bei der Aufsicht.
- ☐ Ein **kleinkindgerechtes Lernumfeld** für kognitive und motorische Anregungen steht zur Verfügung.
- ☐ Die **Schlaf- und Ruhebedürfnisse** von Kleinkindern werden berücksichtigt.

Grundsätzlich gilt für Raumkonzepte: Kleinkinder **bis zum Alter von 1½ Jahren** benötigen **eher kleinere Räume** mit unterschiedlichen Bewegungsmöglichkeiten. **Ältere Krippen- und Kindergartenkinder** brauchen **erweiterte Aktions-, Funktions- und Spielräume.**

Schon bei der architektonischen Planung muss daher berücksichtigt werden, **ob altersgemischte Gruppen oder reine Kleinkind-Gruppen** betreut werden, da je eigene räumliche und gestalterische Rahmenbedingungen erforderlich sind.

Kleinkinder sind sehr **aktiv und impulsiv** und gleichzeitig kaum in der Lage, Gefahren für sich und andere richtig einzuschätzen. Daher stellt die **direkte Beaufsichtigung die wesentliche Sicherungsmaßnahme** bei der Sicherheit des Krippenkindes dar. **Flankierende technische Sicherungen** wie Gitter etc. können eine entsprechende Beaufsichtigung nie vollständig ersetzen. Auch die Gerichte legen bei Aufsichtspflichtverletzungen in der Altersgruppe 1- bis 2-Jährige recht enge Maßstäbe an.

Wenn die Krippe hinsichtlich der oben genannten **Voraussetzungen** optimal ausgestattet ist, fällt eine altersgemäße Aufsicht dem Personal natürlich leichter in einer reinen Krippengruppe als in einer altersgemischten. Aber hier wie dort stellen die Kleinsten an die **tatsächliche Aufsichtsführung** besondere Anforderungen, die über die oben genannten Voraussetzungen hinausgehen und deren Erbringung im Übrigen größtenteils vom Einrichtungsträger zu leisten ist.

Dazu gehört, dass **kleinteiliges Spielmaterial** wie Perlen für die Kleinsten **unerreichbar weggeräumt** wird. Das Gleiche gilt für **scharfkantige, heiße oder elektrische Geräte oder Gegenstände,** soweit sie überhaupt im Gruppenraum sein sollten. Sind die Spielgeräte im Außengelände nicht für U3-Kinder angepasst, erfordert dies eine **langfristige und durchgehende Beaufsichtigung und Hilfestellung.** Bereiche, in denen gelaufen oder mit Rutscher-Autos oder Dreirädern gefahren wird, sollten für die Kleinsten **räumlich abgegrenzt** von denen der älteren Kinder sein. **Absperrungen** müssen eine Mindesthöhe haben und nicht zum Überklettern geeignet sein.

Entsprechend haben in den Fallbeispielen (1) und (2) sowohl der Träger als auch die verantwortlichen Erzieherinnen Schuld für die entstandenen Schäden. Der Träger hat seiner Verkehrssicherungspflicht nicht genügt, wenn er gefährliche Bereiche wie steile Treppen nicht durch Gitter absichert. Die Erzieherinnen haben in ihrer tatsächlichen Aufsichtsführung versagt, wenn es einem Krippen- oder Kindergartenkind gelingt, unbemerkt den Gruppenraum zu verlassen, insbesondere wenn sich dort ein gefährlicher Treppenbereich befindet.

… für Kindergartenkinder (3–6 Jahre)

Immer wieder lässt sich beobachten, dass diese „engen" Anforderungen an die Aufsichtsführung in der Krippe auch auf das Kindergartenalter übertragen werden. Aber das Kind im Altersbereich von

3–6 Jahren muss s**ich so entwickeln können, dass aus dem Klein- ein Schulkind wird,** das z.B. auf dem Schulweg schon in erheblichem Maße Gefahren selbst einschätzen und bewältigen kann. Es wäre somit **falsch im Kindergarten mit einer unangemessen engen Aufsichtsführung,** wie sie auch seitens mancher Eltern gefordert wird, diese Entwicklung zu behindern. Diese Altersgruppe sollte stattdessen **lernen mit altersgemäßen Gefahren** umzugehen und dadurch an Sicherheit gewinnen. Abgesehen von **gezielten Übungen** etwa zur Verkehrserziehung geschieht dies eher **beiläufig zu den Bildungsmaßnahmen** der Kita, im Rahmen derer die Kinder lernen, mit bisher unbekannten Materialien, Instrumenten und Geräten umzugehen und sich in alltäglichen und ungewohnten Situationen möglichst sicher zu bewegen.

… für Schulkinder (6–12/14 Jahre)

Bei Kindern im Hortalter von etwa 6–14 Jahren besteht die Aufsichtsführung zunehmend darin, **klare Regeln vorzugeben** und deren **Einhaltung zu überprüfen.** Gerade den älteren Hortkindern werden so ihrer Entwicklung entsprechende **Freiräume** geschaffen, die von ihnen aber auch nicht als unkontrolliert erlebt werden. Die Erzieherin kann ihre direkte **Aufsicht in dem Maße reduzieren,** als sie sich darauf verlassen kann, dass die Kinder sich entsprechend der gegebenen Informationen und der vereinbarten Regeln sicher verhalten werden. Selbstverständlich sollten auch dieser Altersgruppe ihnen gemäße **Möglichkeiten** geboten werden, **sich zu erproben,** um sicheres Verhalten entwickeln zu können.

Schulkinder bewältigen in der Regel ihre Wege allein, auch und vor allem weil sie von ihren Eltern und Erzieherinnen darauf vorbereitet wurden. Zu beachten ist aber, dass ein Kind z.B. auf dem Weg zu einem zwischenzeitlichen Musikunterricht im **Aufsichtsbereich des Hortes** verbleibt. Auch im Falle, dass die Kinder von einem anderen Ort aus nach Hause geschickt werden, muss die Erzieherin bedenken, **ob das Kind den betreffenden Weg alleine zurücklegen kann.** Da dies nach der Rechtsprechung nicht von starren Altersgrenzen festgelegt werden kann, kann auch die Erzieherin nicht ohne weiteres davon ausgehen, dass jedes Hortkind bedenkenlos jeder Verkehrssituation gewachsen ist.

Abhängig vom Gefährdungsgrad durch die Verkehrsverhältnisse sowie dem **individuellen Alter und der Einsichtsfähigkeit** des Kindes muss die Erzieherin zu einer verantwortbaren Einschätzung kommen. Klare **Vereinbarungen mit den Eltern** für solche Fälle sind sehr zu empfehlen.

… für ältere Kinder und Jugendliche (12/14–17 Jahre)

Gerade zu Beginn von Veranstaltungen für ältere Kinder und Jugendliche kommt es häufig zu **Auseinandersetzungen** zwischen den Teilnehmern untereinander einerseits sowie zwischen einzelnen Teilnehmern und den Jugendgruppenleiterinnen andererseits. Deshalb sind häufig die zu Beginn erteilten Belehrungen wie auch **Gebote und Verbote schnell wieder vergessen.** Zusätzlich kommen besondere Aspekte und Herausforderungen für die Aufsichtsführung durch den **Jugendschutz** und den **Schutz der sexuellen Selbstbestimmung** hinzu.

Entsprechend den einleitend dargestellten Kriterien für eine gehörige Aufsichtsführung, wie sie von der Rechtsprechung durch Urteile zu Aufsichtspflichtverletzungen konkretisiert wurden, stellen sich an die Jugendgruppenleiterin Anforderungen, die auf **fünf Einzelpflichten** hinauslaufen:

1. Pflicht zur **umfassenden Information** (schon vor Beginn, über Kinder/Jugendliche und Veranstaltungsort, auch durch Eltern und Träger)
2. Pflicht zur **Vermeidung / Beseitigung von Gefahrenquellen** (entsprechend der Gefahrenanalyse zu Ort und Art der Aktivität)
3. Pflicht zu **Hinweisen, Belehrungen und Warnungen** (kind- bzw. jugendgemäß, eindringlich und überzeugend, nicht „belehrend", wiederholt)
4. **Pflicht zur tatsächlichen Aufsicht und Überwachung** (vom Kommen bis zum Gehen – auf einer Freizeit/Fahrt rund um die Uhr, Kontrolle der Regeleinhaltung, ggf. zulässige und angemessene Sanktionen bei Verstößen)
5. Pflicht zum **Eingreifen in gefährlichen Situationen** (vorbeugend und rechtzeitig, notfalls mit angemessener körperlicher Gewalt, vorbereitet durch geplante Maßnahmen und entsprechende Ausbildung)

Dieser vorgegebene rechtliche Rahmen muss **pädagogisch sinnvoll ausgefüllt** werden. Kinder und Jugendliche sollen auch in der Jugendarbeit die **Möglichkeit zum Erproben und Erlernen von Fähigkeiten** erhalten. Die anspruchsvolle Herausforderung für Jugendgruppenleiterinnen besteht also darin, den ihnen anvertrauten Kindern und Jugendlichen zum einen **Handlungsmuster im Umgang mit Gefahrensituationen aufzuzeigen** und zum anderen dafür zu sorgen, dass **es nicht zu Verletzungen oder Sachschäden kommt.**

Im Fallbeispiel (3) hat die verantwortliche Jugendgruppenleiterin in ihrer tatsächlichen Aufsichtsführung versagt, als sie den Kindern nach dem Spiel die Bälle nicht fortgenommen hat, obwohl noch Gläser auf den Tischen standen. Darüber hinaus hat die kurzfristige Abwesenheit der Aufsichtsperson dazu geführt, dass der Ball schon mehrere Male über den Tisch hinweggeworfen worden war, bevor sich der Unfall ereignete, ohne dass sie das Ballwerfen auch nur verboten hätte.

2.2 Kinder/Jugendliche mit Behinderung bzw. Verhaltensauffälligkeiten

Der Fall: An einer Förderschule kam ein 9-jähriges Mädchen mit einer geistigen Behinderung ums Leben. Das Mädchen wurde leblos im Schwimmbecken der Schule gefunden – vermutlich ist es durch einen nicht abgeschlossenen Nebeneingang während der Pause ins Gebäude gelangt. Die Staatsanwaltschaft ermittelt, ob ein Fall von Aufsichtspflichtverletzung vorliegt.
„Die Kinder haben sich völlig verweigert und wollten nicht wieder ins Gebäude kommen", so berichtete die Heimerzieherin Beate des Kinder- und Jugendheims „Feenwiese" gegenüber den Lokalnachrichten. Da sie selbst das Heimgelände nicht verlassen konnte, um dort nicht ihre Aufsichtspflicht zu verletzen, und sich zudem um den Jungen kümmern musste, der geschlagen worden war, rief sie die Heimleiterin dazu. Die erzählt: „Ich konnte nicht anders handeln, als die Polizei zu rufen." Was war geschehen? Drei Jungen mit „emotional-sozialen Auffälligkeiten", die in dem Kinder- und Jugendheim leben, hatten einen ihrer Mitbewohner verprügelt und waren dann vom Heimgelände in einen nahegelegenen Wald gelaufen, wo sie dann später von der Polizei und von Heimmitarbeitern eingesammelt wurden.

Welche aufsichtsrechtlichen Pflichten stellen sich der Erzieherin in der Arbeit mit behinderten oder verhaltensauffälligen Kindern/Jugendlichen?

Rechtliche Hintergründe: Rechtlich wird der Begriff **Behinderung** definiert durch § 2 Abs. 1 SGB IX:

> (1) [1]Menschen mit Behinderungen sind Menschen, die körperliche, seelische, geistige oder Sinnesbeeinträchtigungen haben, die sie in Wechselwirkung mit einstellungs- und umweltbedingten Barrieren an der gleichberechtigten Teilhabe an der Gesellschaft mit hoher Wahrscheinlichkeit länger als sechs Monate hindern können. [2]Eine Beeinträchtigung nach Satz 1 liegt vor, wenn der Körper- und Gesundheitszustand von dem für das Lebensalter typischen Zustand abweicht. [3]Menschen sind von Behinderung bedroht, wenn eine Beeinträchtigung nach Satz 1 zu erwarten ist. (…)

Leistungen zur Teilhabe für Kinder mit Behinderung oder von Behinderung bedrohte Kinder sollen nach **§ 4 Abs. 3 SGB IX** „so geplant und gestaltet werden, dass nach Möglichkeit Kinder nicht von ihrem sozialen Umfeld getrennt und gemeinsam mit nicht behinderten Kindern betreut werden können."

§ 35 a SGB VIII stellt die rechtliche Grundlage der Eingliederungshilfe für seelisch behinderte Kinder und Jugendliche dar:

> (1) [1]Kinder oder Jugendliche haben Anspruch auf Eingliederungshilfe, wenn
> 1. ihre seelische Gesundheit mit hoher Wahrscheinlichkeit länger als sechs Monate von dem für ihr Lebensalter typischen Zustand abweicht, und
> 2. daher ihre Teilhabe am Leben in der Gesellschaft beeinträchtigt ist oder eine solche Beeinträchtigung zu erwarten ist. [2]Von einer seelischen Behinderung bedroht im Sinne dieses Buches sind Kinder oder Jugendliche, bei denen eine Beeinträchtigung ihrer Teilhabe am Leben in der Gesellschaft nach fachlicher Erkenntnis mit hoher Wahrscheinlichkeit zu erwarten ist.
> (…)
> (2) Die Hilfe wird nach dem Bedarf im Einzelfall
> 1. in ambulanter Form,
> 2. in Tageseinrichtungen für Kinder oder in anderen teilstationären Einrichtungen,
> 3. durch geeignete Pflegepersonen und
> 4. in Einrichtungen über Tag und Nacht sowie sonstigen Wohnformen geleistet.
> (…)
> (4) [1]Ist gleichzeitig Hilfe zur Erziehung zu leisten, so sollen Einrichtungen, Dienste und Personen in Anspruch genommen werden, die geeignet sind, sowohl die Aufgaben der Eingliederungshilfe zu erfüllen als auch den erzieherischen Bedarf zu decken. [2]Sind heilpädagogische Maßnahmen für Kinder, die noch nicht im schulpflichtigen Alter sind, in Tageseinrichtungen für Kinder zu gewähren und lässt der Hilfebedarf es zu, so sollen Einrichtungen in Anspruch genommen werden, in denen behinderte und nicht behinderte Kinder gemeinsam betreut werden.

Für die Leistungsgewährung nach § 35a SGB VIII sind die **Jugendämter** zuständig. Welche Hilfe im Rahmen der Eingliederungshilfe im Einzelfall notwendig und geeignet ist, entscheiden die Jugendämter auf der Grundlage von **gutachterlichen Stellungnahmen** der im Gesetz genannten medizinisch-therapeutischen Fachkräfte.

Von einer **seelischen Behinderung** spricht man dann, wenn die Fähigkeit **zur Eingliederung in die Gesellschaft in erheblichem Umfange beeinträchtigt** ist. Seelische Störungen sind Ausdruck und Folgen von körperlich nicht begründbaren Psychosen, von Krankheiten oder Verletzungen des Gehirns, von Anfallsleiden oder anderen Krankheiten, von Suchtkrankheiten oder von Neurosen und Persönlichkeitsstörungen. Bei **seelisch behinderten Kindern und Jugendlichen** lauten die Diagnosen oft auf frühe Bindungsstörungen, Hospitalismus, Angst- und Zwangsneurosen oder Aufmerksamkeits- und Hyperaktivitätsstörungen.

Wenn Kinder mit Behinderungen in Regelgruppen inkludiert werden, sehen die entsprechenden Gesetze und Verordnungen der Bundesländer stets eine **Reduzierung der Gruppengröße** und eine **Ergänzung des Personals durch Fachkräfte** wie Heilerzieherinnen oder Therapeutinnen vor. Dadurch soll nicht nur dem **erhöhten Förderbedarf,** sondern auch den **besonderen Anforderungen der Aufsichtsführung** entsprochen werden.

Praktische Konsequenzen: Aufgabe der Fachkräfte der Einrichtung ist es, auch die **besonderen Bedürfnisse der Kinder mit Behinderung** zu kennen und bei der pädagogischen Arbeit zu berücksichtigen. Im Rahmen der seit der Anerkennung der UN-Konvention über die Rechte von Menschen mit Behinderung durch die Bundesrepublik verstärkten **Inklusionsbemühungen** öffnen sich nicht nur die Schulen, sondern auch die Regeleinrichtungen der Elementarpädagogik und der Jugendhilfe für die Kinder mit Behinderung. Dadurch erweitert sich der Aufgabenbereich für die pädagogischen Fachkräfte. So muss auch immer die Aufgabe der Aufsichtsführung auf einer fachlichen Basis in der **pädagogischen Konzeption** einer inklusiven Einrichtung berücksichtigt werden.

Bei den Aufnahmegesprächen und während der Eingewöhnungsphase ist die **Situation des Kindes** mit Behinderung bei den Eltern zu erfragen. Möglicherweise müssen **Besonderheiten berücksichtigt** werden und **individuelle Absprachen** erfolgen. Beispiele:

- besondere Geräuschempfindlichkeit oder Schreckhaftigkeit;
- Medikamenteneinnahme;
- vorsorgliche Maßnahmen bei einem sehbehinderten oder blinden Kind.

Die **notwendigen aufsichtspflichtigen Aufgaben** werden aus der ganzheitlichen Betrachtungsweise der Kinder und ihrer Entwicklungsschritte abgeleitet. Diese Aufgaben werden **im Mitarbeiterteam besprochen** und festgelegt. So entwickeln die pädagogisch tätigen Kräfte **verlässliche Standards,** die die verantwortliche Aufgabenwahrnehmung unterstützen.

Der Umgang mit schwierigen Kindern muss natürlich **pädagogischen Konzepten** folgen, die eine **Stigmatisierung des Kindes und seine Isolierung in der Gruppe verhindern.** Wenn die Umstände es erfordern, müssen Kinder mit Handicaps oder auffälligen und impulsiven Verhaltensweisen zwar besonders beaufsichtigt werden, indem sie sich **in unmittelbarer Nähe der Betreuungspersonen** aufhalten sollen. Doch kann sich das Kind **größere Freiräume „verdienen",** indem es sich dauerhaft an Regeln hält und prosozial interagiert. Die Erzieherin kann **prosoziale Lernprozesse bei den Kindern oder Jugendlichen bewirken,** wenn

- das Kind unter Aktivierung seiner individuellen Ressourcen zu **konstruktiven Aktivitäten** angeleitet wird;
- sie das **Gruppenleben klar strukturiert** und dem Kind damit Sicherheit und Orientierung vermittelt;
- **Grenzen und Regeln** gesetzt werden, die auch gegen Widerstand **konsequent** beibehalten werden;
- dem Kind die Konsequenzen seines Verhaltens erlebbar gemacht werden und sie so **Einsicht in die negativen Folgen einer Regelübertretung** gewinnen.

Das Wichtigste ist, dem Kind durch **intensive Zuwendung und Beachtung** Wege zu eröffnen, andere Verhaltensweisen zu zeigen. Ziel ist es dabei, **das Selbstwertgefühl der Kinder zu steigern und ihre Ängste zu vermindern.**

Checkliste zur Aufsichtsführung bei Kindern/Jugendlichen mit Behinderung bzw. Verhaltensauffälligkeiten

Einen (rechts-)sicheren Umgang mit „schwierigen" Kindern oder Jugendlichen entsprechend den Pflichten zur Aufsichtsführung gelingt der Erzieherin, wenn:

- ☐ sie sich gründlich und umfassend über die Kinder und ihre Besonderheiten **informiert** bzw. durch die Eltern informiert wird.
- ☐ sie erzieherische und aufsichtspflichtgemäße Maßnahmen individuell **mit dem Team abstimmt** und so gemeinsam getragene **Standards für eine verantwortliche Aufgabenwahrnehmung** geschaffen werden.
- ☐ sie dem höheren Aufsichtsbedarf dieser Kinder durch **örtliche Nähe zum Kind und besondere Aufmerksamkeit** gerecht wird.
- ☐ sie klare **Regeln und Grenzen** setzt und diese **konsequent** und **gemeinsam durch das Team** angewendet werden.
- ☐ sie zur Erziehung und Aufsichtsführung Maßnahmen ergreift, die eine **Isolierung des Kindes in der Gruppe verhindern** und **prosoziale Verhaltensweisen fördern.**

2.3 Kind ist weggelaufen

Der Fall: Unlängst wurde ein bemerkenswerter Fall in Brandenburg gerichtlich verhandelt. Einem 3-jährigen Jungen war es gegen 14:15 Uhr gelungen, alleine und unbemerkt das Kita-Gelände zu verlassen. Wie ihm das möglich war, war zunächst völlig unklar. Von der Kita aus ging der Junge zu einem nahegelegenen Supermarkt. Erst als die Eltern ihr Kind um 15 Uhr von der Einrichtung abholen wollten, stellten die Erzieherinnen fest, dass der Junge nicht da ist. Die Aufregung war zunächst groß und eine hektische Suche begann. Die konnte aber bald beendet werden, weil die Supermarktleiterin anrief, bei ihnen sei ein kleiner Junge ohne Begleitung aufgegriffen worden, der wohl zu der Kindertagesstätte gehöre. Zwar konnten die Eltern ihren Sohn wohlbehalten wieder in Empfang nehmen, sie haben aber trotzdem die Verantwortlichen der Einrichtung wegen Verletzung der Fürsorge- und Erziehungspflicht (§ 171 StGB) angezeigt. Schließlich hatten die Erzieherinnen mindestens 45 (!) Minuten lang nicht bemerkt, dass ein Kind ihrer Gruppe fehlte.
Auch wenn solch ein (leider immer wieder vorkommender) GAU der Aufsichtsführung einer Einrichtung in diesem Fall glimpflich ausgegangen ist, führte das Entweichen von Kindern aus der Einrichtung oder bei Wanderungen auch schon zu Todesfällen, weil die weggelaufenen Kinder in Teichen ertranken oder im Straßenverkehr umkamen. In jedem Fall wird so immer das Vertrauen der Eltern in die Einrichtung erheblich erschüttert.

Wie können Erzieherinnen verhindern, dass ihnen Kinder weglaufen bzw. was ist zu tun, wenn es passiert ist?

Rechtliche Hintergründe: Zwar gibt es dafür keine Gesetze, jedoch sind die **Regeln des Deutschen Gemeindeunfallversicherungsverbands** als **Mindeststandards an Sicherheit** verbindlich für Kitas. Spätestens im Schadensfalle wird sich aber jede Einrichtung fragen lassen müssen, warum sie nicht den Empfehlungen für Sicherheit gefolgt ist. Diese sehen für die **Aus- und Eingänge** sowie der **Einfriedung** Folgendes vor:

- **Aus- und Zugänge** von Kindertageseinrichtungen sind so **sicher zu gestalten,** dass Kinder nicht gefährdet werden, u. A. durch Geländer oder Pflanzungen unmittelbar vor der Fahrbahn/vor dem Radweg.
- **Türen und Tore,** durch die Kinder direkt in den öffentlichen Verkehrsraum gelangen könnten, sind so zu **sichern,** dass Kinder die Einrichtung nicht unerlaubt verlassen können, z. B. durch ein elektrisches Türverriegelungssystem oder Türklinke außerhalb der Reichweite der Kinder.

- Aufenthaltsbereiche auf dem Außengelände sind ebenfalls gegen unerlaubtes/unbefugtes Verlassen bzw. Betreten zu sichern durch für Kinder **nicht erreichbare Türgriffe** oder durch Abschließen.
- **Einzäunungen** müssen **ausreichend hoch** sein (mind. 1 bis 1,5 Meter) und dürfen nicht zum Hochklettern verleiten oder die Kinder durch spitze, scharfkantige oder hervorspringende Teile gefährden.
- Aus- und Zugänge sowie die dorthin führenden Wege sind so **zu beleuchten,** dass Wegführung, Hindernisse und Treppen deutlich erkannt werden.

Praktische Konsequenzen: Durch den Kindergartenvertrag wird ganz wesentlich die Pflicht, die Kinder zu betreuen und zu beaufsichtigen, von den Eltern auf die Einrichtung übertragen. Die Einrichtung übernimmt damit eine **Garantenstellung** für das Wohl des Kindes und überträgt diese wiederum auf die jeweils Aufsicht führende Erzieherin. Verletzt diese ihre Garantenstellung und entsteht daraus ein Schaden, muss sie mit **zivilrechtlichen, strafrechtlichen und arbeitsrechtlichen bzw. disziplinarischen Konsequenzen** rechnen.

Doch nicht jeder Vorfall hat diese Folgen zwangsläufig. Vielmehr kommt es darauf an, ob die zuständige Person ihre Aufsicht gehörig, d.h. in dem Sinne durchgeführt hat, dass weder Kinder noch Dritte zu Schaden kommen, und ob dies ihr auch zumutbar war. Die Frage ist also: **Hätte die Fachkraft das Weglaufen verhindern können?** Nur in dem Fall, in dem sie Hinweise und Anzeichen beim Kind und in den örtlichen Sicherheitsbedingungen nachweislich fahrlässig/grob fahrlässig ignoriert hätte, könnte sie für auftretende Schäden haftbar gemacht werden.

Damit Kinder nicht ohne Kenntnis der Erzieherinnen die Einrichtung verlassen, ist Folgendes zu beachten:

Die Brandschutzvorschriften schreiben vor, dass die **Haustür nicht abgeschlossen werden darf,** damit im Brandfall alle schnell das Gebäude verlassen können. Wenn Kinder den Gruppenraum verlassen müssen, sollte die **Tür offenbleiben,** um den Blick auf den Flur, evtl. den Ausgangsbereich zu ermöglichen; die Erzieherin sollte in jedem Fall auf die Zeit achten, die ein Kind sich außerhalb des Raums befindet.

Entsprechend dem Alter und den Eigenarten der Kinder sollte die **Aufsicht** auf dem **Außengelände sehr aufmerksam und häufig** (etwa in Abständen von 1 bis 10 Minuten) durchgeführt werden. Die Erzieherin muss darüber hinaus immer damit rechnen, dass die Kinder sich in ihrem Spiel miteinander zu gefährlichen Aktionen verleiten lassen, und ihr Aufsichtsverhalten darauf einstellen.

Wenn ein Kind verschwunden ist, muss die Erzieherin alles tun, was von ihr – juristisch ausgedrückt – „vernünftigerweise erwartet" werden kann.

Notfallplan

1. Vergewissern, dass sich das **Kind nicht doch irgendwo im Gebäude** oder auf dem Gelände be-

findet. Vielleicht hat es sich versteckt oder hält sich noch auf der Toilette auf. Kinder, die zuletzt mit ihm gespielt haben, können evtl. Hinweise geben.

2. Bleibt diese Suche ergebnislos, umgehend die **Polizei** unterrichten. Über Funk werden alle Beamten auf den Straßen informiert, die nach dem Kind Ausschau halten können. Die zuständige Dienststelle hat man zuvor bei der Erstellung des Notfallplans ermittelt.
3. Ebenso müssen sofort die **Eltern** benachrichtigt werden. Sie haben möglicherweise Vermutungen darüber, wo sich das Kind aufhalten könnte bzw. wohin es unterwegs ist. Wo die Eltern wann zu erreichen sind, wurde ebenfalls bereits im Zuge der Notfallplanerstellung erfragt.
4. Wenn die Personalsituation es erlaubt, sollten sich dann eine oder zwei Erzieherinnen auf die **Suche nach dem Kind** außerhalb der Einrichtung begeben. Systematisch, in konzentrischen Kreisen und vor allem die für den Notfall ermittelten **gefährlichsten Bereiche** berücksichtigend, suchen sie das Umfeld der Einrichtung ab.

Die Vorkehrungen zum „Weglaufschutz" einer Einrichtung können **nicht immer verlässlich** funktionieren oder dürfen aus Brandschutzgründen gar nicht zuverlässig einschließen. Im obigen Fall stellte sich heraus, dass der Junge ausbüxen konnte, als zwei Eltern sich noch in der offenen Tür unterhielten und zusätzlich jemand das Außentor hatte offenstehen lassen. Um auch in solchen Fällen die Sicherheit der Kinder garantieren zu können, hilft **nur eine gewissenhafte Aufsichtsführung** (Siehe auch Kap. 4.2).

Schließlich sollten Erzieherinnen zur Minimierung der Risiken für die Kinder großen Wert auf eine möglichst frühe **Selbständigkeitsförderung** legen, insbesondere im Hinblick auf die Anforderungen im Straßenverkehr.

Checkliste zur Verhinderung des Weglaufens von Kindern bzw. für den Notfall

Den Pflichten zur Aufsichtsführung genügt die Erzieherin, wenn:

- ☐ sie sich regelmäßig vom **ordnungsgemäßen Zustand der Sicherungssysteme** an den Aus-und Zugängen sowie der Einfriedung überzeugt.
- ☐ sie gerade in tendenziell unübersichtlichen Situationen und bei jüngeren Kindern **besonders aufmerksam und engmaschig** beaufsichtigt.
- ☐ sie in Zusammenarbeit mit Kolleginnen, Eltern und Polizei einen **Notfallplan** für das Weglaufen eines Kindes erarbeitet.
- ☐ sie im Falle des Entweichens eines Kindes **alles Notwendige unternimmt** (einschließlich Information von Polizei und Eltern), um das Kind baldmöglichst wohlbehalten wieder aufzufinden.

3 GRUPPE DER ZU BEAUFSICHTIGENDEN

3.1 Kinder allein unterwegs

Der Fall: Viele Eltern möchten, dass ihre Kinder ihren **Heimweg allein** bewältigen und verlangen von der Kindertageseinrichtung, die Kinder ohne Begleitung heimzuschicken.
Ein 4 Jahre altes Mädchen hatte bei einem **Alleingang nach Hause** einen Unfall verursacht, weil es auf die Straße gelaufen war, obwohl eine Wiese den eigentlichen Weg von der Straße abtrennte. Dass ein Kind dieses Alters einen solchen Weg allein zurücklegen kann, hielt das Oberlandesgericht München zwar für grundsätzlich möglich. Doch müsse das Kind angesichts der Gefährlichkeit der Landstraße bei ersten begleiteten Übungen eindringlich angewiesen werden, nicht von dem Wiesenweg abzugehen und es müsse im Weiteren für das Kind deutlich die Einhaltung dieser Anweisung auch überwacht werden. Oberste Gerichte betonen ausdrücklich, dass es oft zweckmäßig sein wird, die Kinder langsam daran zu gewöhnen, sich auch ohne ständige Überwachung in ihrem Verhalten auf den Straßenverkehr einzustellen. Dennoch wird allgemein empfohlen, Kinder im Alter bis 6 Jahre eher nicht allein in den Verkehr zu lassen.

Wie steht es mit der Aufsichtspflicht im Falle von Alleingängen von Kindern?

Rechtliche Hintergründe: Als Personensorgeberechtigte haben Eltern zunächst einmal das **Recht** dazu, von der Einrichtung den Alleingang ihrer Kinder zu verlangen. Sie tragen dann die **Verantwortung für die Schäden,** die das Kind dabei gegebenenfalls erleidet oder verursacht.

Wenn Kinder ohne Aufsichtsperson in den öffentlichen Verkehrsraum geschickt werden, ist dies in der Regel **nicht mehr durch den Betreuungsvertrag gedeckt,** den die Eltern mit dem Träger abgeschlossen haben. Jeder Alleingang bedarf daher der ausdrücklichen diesbezüglichen **Einverständniserklärung** der Personensorgeberechtigten.

Die ErzieherInnen müssen auch bei den von den Eltern erlaubten Alleingängen auf die **konkrete Situation** achten. Falls die Beobachtung des Kindes (z.B. Müdigkeit) oder andere Umstände (z.B. Veränderungen im Straßenraum wie erhöhtes Verkehrsaufkommen oder Wetterereignisse) eine **Gefährdung des Kindes** erkennen lassen, dürfen auch solche genehmigten Gänge nicht zugelassen werden.

Praktische Konsequenzen: Für solche Fälle sollte die Einrichtung über ein **Formblatt** verfügen, (☛ Einverständniserklärung Heimweg) mit dem Eltern ihren Willen erklären können, dass die Kita ihre Kinder allein auf den Heimweg entlassen kann.

In vielen Einrichtungen gehört es zur **Verkehrserziehung,** 5- bis 6-jährige „Vorschulkinder" alleine oder zu zweit kleine **Besorgungen für die Kita** beim nahen Bäcker oder Laden machen zu lassen. Dies geht natürlich nur dort, wo die Straßenverhältnisse so sind, dass nach entsprechenden **begleiteten Vorübungen** die Kinder die Wege sicher nutzen können. Aber auch für Gänge ohne Begleitung, die zur Umsetzung des pädagogischen Konzepts gehören, muss vorher das **Einverständnis der Eltern schriftlich** eingeholt werden.

Auf keinen Fall sollte man sich auf eine **nur mündliche Verabredung** einlassen, auch nicht bei vorgeblichen „Notfällen". Im Zweifelsfalle muss man die eigene Rechtsposition beweisen können, was bei einer nur etwa per Telefon gegebenen Erklärung nicht möglich ist.

Wenn also ein Elternteil möchte, dass sein Kind allein nach Hause geschickt werden soll, dann sollte er dies nicht nur telefonisch, sondern auch noch einmal **schriftlich per E-Mail** zusenden. So wird dies **rechtswirksam dokumentiert.** Ist das nicht möglich, kann vielleicht eine verwandte oder bekannte **Person vom Sorgeberechtigten beauftragt** werden, das Kind abzuholen. Am besten und immer, wenn die **Ersatzperson** der Einrichtung nicht bekannt ist, sollte sie noch eine **schriftliche Vollmacht** des Elternteils vorlegen.

Checkliste zur Aufsichtspflicht bei Alleingängen von Kindern

Vorausgesetzt,

- ☐ eine **schriftliche Willenserklärung der Personensorgeberechtigten** zu dem jeweiligen Alleingang liegt vor,
- ☐ die Kinder sind grundsätzlich **fähig, vorbereitet und eingeübt,** den Weg allein sicher zu gehen,
- ☐ die Fähigkeiten der Kinder zum sicheren Begehen des Weges sind vor Antritt erkennbar **nicht eingeschränkt,**
- ☐ im öffentlichen Verkehrsraum haben sich **aktuell keine zusätzlichen Gefährdungen** ergeben und

- ☐ man lässt die Kinder nicht alleine gehen, **wenn einer der vorigen Punkte nicht gegeben ist,**

wird man bei unbegleiteten Gängen von Kindern rechtlich auf der sicheren Seite sein.

3.2 Streit unter Kindern

Der Fall: Auf dem Spielgelände des Hortes kam es in unmittelbarer Nähe der Erzieherin Beate zu einem heftigen Wortwechsel zwischen dem 10-jährigen Willi, einem „Besuchskind" aus dem Stadtteil, und dem körperlich überlegenen Hortkind Theo (11 Jahre).
Die Berufsanfängerin Beate gab später zu Protokoll: „Ich habe aus pädagogischen Gründen nicht in den Streit eingegriffen. Allerdings hörte ich beim Weggehen noch, dass einige Kinder den Theo lautstark aufforderten, Willi kräftig zu verhauen. Ich habe aber weiter auf eine friedliche Lösung des Konflikts vertraut, da Theo mir bisher noch nie durch aggressives Verhalten aufgefallen war." – Kurze Zeit nach dem Weggang von Weggang schlug Theo dem Willi ein großes blaues Auge. Willis Vater ist empört und droht Beate mit einer Anzeige.

Wie wird eine Erzieherin ihrer Aufsichtspflicht gerecht, wenn sie einen Streit unter Kindern oder Jugendlichen beobachtet?

Rechtliche Hintergründe: Wie schon Beates Einlassung oben andeutet, wird gerade im Falle von Konflikten unter Kindern das tendenzielle **Spannungsverhältnis zwischen pädagogischen Pflichten und der Aufsichtspflicht** deutlich. Denn schließlich gehören kleinere Raufereien und auch mal laute Auseinandersetzungen zu einem normalen Gruppenleben dazu. Kinder sollen lernen, mit Konflikten umzugehen und dies möglichst eigenständig. Gerade Letzteres wird aber vielleicht verhindert, wenn die Erzieherin zu früh eingreift, um Kinder vor Schaden zu bewahren.

Um in einer Situation wie im Fall beschrieben ihrer **Garantenstellung** gerecht zu werden, muss die Erzieherin genau beobachten und bei entsprechenden Anzeichen sofort einschreiten, um eine Eskalation zu verhindern. Um solchen Gefahrensituationen von Vornherein vorzubeugen, muss die Erzieherin eine **„gehörige" tatsächliche Aufsicht** gewährleisten, also entsprechend den Kriterien, wie sie in der Einleitung dieses Buches dargestellt wurden.

Praktische Konsequenzen: Sicher sollen aber Kinder ihre Konflikte untereinander möglichst selbst lösen. Trotzdem darf eine Erzieherin **einen aufkommenden Streit nicht einfach aus den Augen lassen,** sondern vielmehr aus der Distanz und besser unbeobachtet den Streitverlauf weiter verfolgen.

Allenfalls die Naivität der Berufsanfängerin lassen vielleicht Beates Argumente und Verhalten verständlich erscheinen, doch hätte sie vielmehr schon bei der Wahrnehmung der Bedrohung eines unterlegenen Kindes durch ein älteres **einschreiten** sollen. Spätestens als die Situation sich durch die Anstachelung zur Gewalt verschärfte, wurde eigentlich deutlich, dass die Kinder diese nicht mehr alleine und friedlich würden bewältigen können.

Ist es erst zu einem Streit unter den zu beaufsichtigenden Kindern und Jugendlichen gekommen, muss die Erzieherin eingreifen. Doch muss sie darauf achten, dass ihre **Reaktion der Gefahrensituation entspricht.** Vielleicht ist es bereits ausreichend an die **„Spielregeln"** (ausreden lassen, nicht laut oder verletzend werden, nicht körperlich angreifen) zu erinnern. Bei Raufereien kann und muss die Erzieherin **gegebenenfalls auch körperlich dazwischen gehen.** Das Risiko, dabei selbst verletzt zu werden oder einen der Raufbolde zu verletzen, ist dabei abzuwägen gegenüber den vielleicht viel schlimmeren Verletzungen, die entstehen, wenn nicht früh- und rechtzeitig eingegriffen wird.

Die Erzieherin muss also stets einen **kühlen Kopf bewahren** und **sorgfältige Abwägungen** treffen, sodass sie einerseits nicht übervorsichtig zu früh eingreift, aber andererseits doch rechtzeitig eine Eskalation des Konflikts verhindert. Sobald die Streitenden nicht mehr so aufgebracht sind, sollte die Erzieherin dabei helfen, den **Konflikt konstruktiv zu lösen.** Was ist genau passiert? Wie hast du dich dabei gefühlt? Wie hat der Andere dies wahrgenommen? Was wünscht sich jedes Kind vom anderen?

Checkliste zur Aufsichtspflicht bei Streit unter Kindern

Wenn Kinder oder Jugendliche untereinander in Konflikt geraten, muss die Erzieherin

- ☐ stets eine **gehörige Aufsicht** führen, die unter Berücksichtigung der Situation, der Persönlichkeit der zu Betreuenden und weiterer Aspekte geeignet ist, **eine aufkommende Gefahrensituation** zu erkennen und rechtzeitig darauf zu reagieren.
- ☐ einen aufkommenden Streit zunächst einmal **genau beobachten.**
- ☐ **sofort eingreifen**, sobald sie bestimmte **Warnsignale** (Lauterwerden, Beleidigungen, Drohungen etc.) wahrnimmt.
- ☐ **körperlich kämpfende Kinder trennen.**
- ☐ ihre **Beratung und Vermittlung** anbieten, damit die Kinder/Jugendlichen zu einer Konfliktlösung kommen, die von beiden Parteien mitgetragen wird.

4 ART DER PÄDAGOGISCHEN TÄTIGKEIT

4.1 Feste und Feiern

Der Fall: In der Astrid-Lindgren-Kita findet das alljährliche Sommerfest am vorletzten Samstagnachmittag vor den Sommerferien statt. Neben den Erzieherinnen und Kita-Kindern nehmen auch deren Familien und Gäste teil. Während die meisten Eltern und Verwandte gemütlich unter den Sonnenschirmen Kaffee und Kuchen genießen, gehen die Kinder in den Gruppenräumen und auf dem Außengelände dem freien Spiel nach. Draußen wurde als besondere Attraktion ein großes aufblasbares Planschbecken aufgebaut. Außerdem bieten einzelne Erzieherinnen an, mit ihnen zu backen, Wasserspielzeuge herzustellen oder mit den Eltern im Kreis zu spielen. Die Eltern sind darüber hinaus an der Durchführung des Festes beteiligt, indem sie Kaffee, Kuchen und andere Getränke verkaufen oder weitere Spielangebote wie Dosenwerfen anbieten. Kein Kind ist ohne wenigstens einem Elternteil erschienen. Leider wird der ansonsten für alle erfreuliche Verlauf des Festes durch einen Schadensfall getrübt, denn ein am Planschbecken stehender Vater wird durch ein spielendes Kind einer anderen Familie so angerempelt, dass ihm seine Digitalkamera aus der Hand und ins Wasser fällt.

Was muss die Erzieherin hinsichtlich der Aufsichtsführung bei Festen und Feiern in der Einrichtung beachten?

Rechtliche Hintergründe: Da die Personensorgeberechtigten per Betreuungsvertrag ihre Aufsichtspflicht im Rahmen der **regulären Betreuungszeiten der Kita** übertragen haben, läge bei einem Fest in dieser Zeit die Aufsichtspflicht bei den Erzieherinnen. Doch um auch berufstätigen Familienangehörigen eine Teilnahme zu ermöglichen, finden diese Feste meist **außerhalb der regulären Öffnungszeiten** statt, so wie auch im Fallbeispiel. Dann **liegt grundsätzlich die Aufsichtspflicht bei den Eltern** und nicht mehr bei den pädagogischen Fachkräften.

Doch gibt es, wie im Fall geschildert, auch dann noch **Situationen, in denen Erzieherinnen aufsichtspflichtig sind.** Immer dann, wenn sie **über längere Zeit und mit weitgehenden Einwirkungsmöglichkeiten** die Aufsicht übernehmen (wie z.B. beim Backen), entsteht die Verpflichtung nach § 832 BGB auch ohne eine vorige ausdrückliche Vereinbarung.

Darüber hinaus besteht selbstverständlich auch weiterhin die **allgemeine Verkehrssicherungspflicht der Kita** für den Aufenthalt auf ihrem Gelände entsprechend § 823 BGB. Ebenso verpflichtet ihre **Garantenstellung** jede Erzieherin zu einem pflichtgemäßen Eingreifen auch bei von ihr nicht zu beaufsichtigenden Kindern, wenn sie eine Gefahrensituation für sie erkennt. Schließlich kann die Aufsichtspflicht stillschweigend durch schlüssiges, juristisch ausgedrückt: **konkludentes Verhalten** wiederaufleben, wenn z.B. einem Kind, das ohne elterliche Begleitung kommt, die Teilnahme am Fest nicht verweigert wird.

Kinder unter 7 Jahren sind für von ihnen verursachte Schäden **nicht verantwortlich** (§ 828 Abs. 1 BGB). Aufsichtspflichtige Eltern und pädagogische Fachkräfte müssen nur dann Schadensersatz leisten, wenn sie ihre **Aufsichtspflicht verletzt** haben (§ 832).

Im Übrigen beschränkt sich der **gesetzliche Unfallversicherungsschutz** bei solchen Veranstaltungen auf die der Kita angehörigen Kinder und ihre Beschäftigten sowie die im Auftrag der Kita an der Durchführung Beteiligten wie Eltern oder Ehrenamtliche. (Weitere Informationen zu aufsichtsrechtlichen Aspekten bei der Mitarbeit von Eltern und Ehrenamtliche siehe Kapitel 7.2 Mitarbeit von Eltern und Ehrenamtlichen). **Nicht bzw. nur durch ihre Krankenkasse bzw. ihre Privat-Haftpflicht versichert** sind bei einem Unfall im Rahmen eines Kita-Festes die angehörigen Eltern, Geschwister und weitere Verwandte und Bekannte als Gäste.

Praktische Konsequenzen: Wenn also Erzieherinnen im Rahmen des Festes **besondere Aktivitäten ohne Eltern** anbieten, dann übernehmen sie die Aufsicht für die daran teilnehmenden Kinder. Dies gilt aber **nicht für die Kinder, die** draußen und drinnen **frei spielen.** Am Ende der jeweiligen Angebote werden die Kinder **aufgefordert,** wieder zu ihren **Eltern** zu gehen, die damit auch **wieder aufsichtspflichtig** werden.

Da mit dem Planschbecken eine **besondere Gefahrenquelle** geschaffen wird, erfordert seine Aufstellung die **Einhaltung sicherheitstechnischer Vorgaben.** Gleiches gilt etwa für Hüpfburgen und -matten oder auch das Betreiben eines Grills. Dazu müssen nicht nur die **Aufstellhinweise** des Herstellers/Verleihers genau beachtet werden, sondern die Kita muss auch jemanden zur **Beaufsichtigung des laufenden Betriebs** abstellen, um ihrer Verkehrssicherungspflicht zu entsprechen. Die Aufsicht muss nicht nur die **sicherheitsgemäße Funktion** Spielgerätes überwachen, sondern auch auf die **Einhal-**

tung von Regeln bei der Benutzung überwachen, die Unfälle und Verletzungen vermeiden sollen. Insbesondere **kleinere Kinder** brauchen beim gemeinsamen Spiel auf einem großen Gerät einen besonderen Schutz und entsprechend rücksichtsvolles Verhalten der größeren.

Potenziell gefährliche Bereiche der Kita ohne Aufsicht (z. B. Turnhalle oder Putzkammer) sind **abzusperren.** Am besten führt man vor dem Fest eine **systematische Gefahrenanalyse** für die Räumlichkeiten und das Außengelände durch, soweit dies nicht sowieso schon aus dem laufenden Betrieb heraus bekannt ist. Die Unfallkassen stellen dafür entsprechende Anleitungen und Checklisten zur Verfügung. (Siehe z. B.: Unfallkasse Hessen – Kitaportal: Feiern in der Kita. URL: http://kita.ukh.de/fachthemen/kita-alltag/feiern-in-der-kita/) **Mögliche Gefahrenquellen** – insbesondere für **einrichtungsfremde Personen** – müssen daher **dem Einrichtungsträger rechtzeitig mitgeteilt werden,** damit er sie beseitigt.

In diesem Zusammenhang wird man auch überprüfen, ob **genügend Aufsichtsführende vorhanden** sind. Zwischen ihnen sollten die **Zuständigkeiten und sonstige Aufgaben** klar abgesprochen werden, auch und besonders für Not- und Unfälle. Bei einer Veranstaltung wie dem Sommerfest, das überwiegend draußen stattfindet, muss natürlich auch für eventuell schlechtes Wetter geplant werden. Im Hochsommer kann es plötzlich zu **Unwettern** mit heftigen Winden, Starkregen und Blitzeinschlägen kommen, was im akuten Fall zu einem geordneten **Abbruch des Festes** zwingen kann, da **Lebensgefahr** für alle besteht.

Falls ein Kind ohne seine Eltern auf dem Fest erscheint und geduldet wird, muss eine Erzieherin die **Aufsicht für dieses Kind übernehmen,** bis die Eltern erscheinen. Da in dem ganzen Trubel und bei ihren weiteren Aufgaben die Erzieherin meist nicht auch noch die Aufsicht für einzelne Kinder übernehmen kann, wird sie **andere (möglichst bekannte) Eltern oder Gäste um die Übernahme der Aufsicht bitten.** Sie wird ihrer Aufsichtspflicht dabei dann gerecht, wenn sie nicht nur eine geeignete Person auswählt, sondern sich auch von Zeit zu Zeit davon überzeugt, dass diese **der Aufsichtsführung auch wirklich nachkommt.**

Manche Eltern kommen mit ihren Kindern mit der Erwartung zum Fest, dass die Kita wie gewohnt bei Betreten der Kita die Aufsicht für ihre Kinder übernimmt. Deshalb sollte ausdrücklich und unübersehbar **schon im Einladungsschreiben** darauf hingewiesen werden, dass für diese Veranstaltung außerhalb der Öffnungszeiten die **Eltern grundsätzlich für ihre Kinder aufsichtspflichtig bleiben.** (☛ Einladung Sommerfest)

Der Vater, dessen Digitalkamera ins Wasser fiel, wird wohl **auf seinem Schaden sitzen bleiben.** Das 6-jährige Kind, das ihn anstieß, ist wie erwähnt **nicht deliktsfähig und damit haftungsunfähig** und die

Erzieherinnen waren für es **nicht aufsichtspflichtig.** Auch den Eltern wird man **keine Aufsichtspflichtverletzung vorwerfen** können, wenn ihr Kind im Spiel versehentlich mal in jemanden hineinrennt.

Die Erzieherin sollte im Veranstaltungstrubel stets die **Übersicht** wahren und dabei **für aufkommende Gefahren einen Blick** haben. Dies erfordert dann von ihr ein angemessenes, ggf. auch beherztes und sofortiges **Eingreifen zur Beseitigung der Gefahrensituation** (z.B. Hinweis für den Kamera-Besitzer bzw. sofortiges Beenden und Verlegen des Fangspiels, das sich plötzlich in der Nähe des Grills entwickelt hat).

Checkliste zur Aufsichtspflicht bei Festen und Feiern

Wenn die Erzieherin bei der Vorbereitung und Durchführung von Festen und Feiern darauf achtet, dass

- ☐ schon in der Einladung die **Eltern** deutlich und unmissverständlich **auf ihre Aufsichtspflicht während der Veranstaltung hingewiesen werden,**
- ☐ die Örtlichkeiten vorher einer **Gefahrenanalyse,** insbesondere für Einrichtungsfremde, unterzieht,
- ☐ entsprechend dieser Analyse **Gefahrenbereiche entweder abgesperrt oder einer besonderen Aufsicht unterstellt** werden,
- ☐ im Team und mit den sonstigen Beteiligten klare **Absprachen über die Zuständigkeiten** und Aufgaben während des Festes bestehen (insbesondere bei einem Not- bzw. Unfall),
- ☐ ihre Aufsicht entsprechend der bekannten Kriterien **„gehörig"** durchführt,
- ☐ auch die ehrenamtlichen Helfer und mitarbeitenden Eltern **ihrer Aufsichtsführung nachkommen** und
- ☐ unvorhergesehene **aufkommende Gefahrensituationen durch angemessene Maßnahmen sofort beseitigt** werden,

dann wird sie Feste und Feiern in der Kindertagesstätte rechtssicher durchführen.

4.2 Abholzeit

Der Fall:
(1) Mittags erscheint die Mutter der 5-jährigen Tanja in der Kita „Brummkreisel", um ihre Tochter abzuholen. Wie es in dieser Kita üblich ist, verabschiedet sich Tanja von ihrer Erzieherin mit Handschlag. Die in der Gruppenraumtür wartende Mutter nimmt daraufhin ihr Kind mit in den Garderobenbereich. Während sich Tanja Mantel und Schuhe anzieht, trifft ihre Mutter eine Freundin im Flur und die beiden kommen ins Gespräch. Das Gespräch dauert länger und wird intensiver, sodass die Frauen gar nicht bemerken, dass Tanja die Einrichtung schon verlassen hat. Als dem Mädchen vor der Tür langweilig wird, kommt es auf die Idee, die Aufmerksamkeit ihrer Mutter dadurch wiederzuerlangen, dass sie herumliegende Ziersteine gegen die gläserne Eingangstür wirft. Schon beim ersten Stein zerspringt die Tür in tausend Scherben.
(2) Nenas Mutter teilt der Gruppenleiterin Sabine telefonisch mit, dass sie sich am Wochenende von ihrem Mann und Nenas Vater getrennt habe. Mit Nena sei sie auch schon aus der gemeinsamen Wohnung ausgezogen. Die Erzieherin möge sicherstellen, dass niemand Nena an ihren Vater herausgeben werde. Sie möchte das nicht, weil sie befürchte, dass der Vater ihre Tochter gegen sie beeinflussen wolle. Da Sabine aber weiß, dass auch der Vater das Sorgerecht für Nena hat, mag sie die Nicht-Herausgabe der Tochter nicht zusagen. Trotzdem verunsichert sie der Anruf doch sehr. Am Mittag erscheint Nenas Vater, um sie abzuholen.

Wer haftet für Schäden, wenn das Kind der Abholperson zwar schon übergeben wurde, diese aber ihrer Aufsichtspflicht nicht nachkommt, weil sie abgelenkt ist? – Darf bzw. muss Sabine Nena gegen den ausdrücklichen Wunsch der Mutter an ihren Vater übergeben?

Rechtliche Hintergründe: Die durch den Vertrag der Eltern mit der Einrichtung vereinbarte **Betreuungszeit** legt damit auch die **Zeit der Aufsichtspflicht seitens der Einrichtung** fest. Am Ende dieser Zeit hat die aufsichtsführende Person das Kind **so zu übergeben,** dass auch ein unbeteiligter Dritter die **tatsächlichen Handlungen** der beteiligten Personen als eine **rechtlich ordentliche Übergabe** verstehen muss. Im Beispielfall vollzogen sich diese tatsächlichen Handlungen der **Abholung** in **drei Abschnitten:**

1. Mit dem Erscheinen der Mutter **zum Ende der vereinbarten Betreuungszeit** macht sie, auch ohne etwas sagen zu müssen, deutlich, dass sie **ihr Kind abholen möchte.**
2. Durch die **Verabschiedung** von Tanja, mündlich und per Handschlag, **beendet** die aufsichtsfüh-

rende Erzieherin klar erkennbar ihre **Aufsichtsführung.**

3. Indem die Mutter Tanja an der Tür in Empfang nimmt und zur Garderobe schickt, **übernimmt sie als Abholerin unverkennbar wieder die Aufsicht.** Der Vollzug der Übernahme ist an ihrer Begrüßung und Ansprache klar erkennbar.

Aber auch ohne eine ausdrückliche Begrüßung ihres Kindes, etwa weil sie zwischenzeitlich mit der Freundin ein Gespräch begonnen hat, würde der Aufenthalt von Tanja in der Nähe ihrer Mutter als **„konkludentes Verhalten"** betrachtet werden, das die Übernahme der Aufsicht vollendet.

Seit der Kindschaftsreform des Jahres 1998 behalten Eltern **grundsätzlich die gemeinsame elterliche Sorge** während und nach der Trennung und Scheidung. Nur ein Urteil des Familiengerichts kann dies anders regeln, wenn ein Elternteil die Übertragung der alleinigen Sorge durch ein entsprechendes **Urteil nach § 1671 BGB** beantragt. Neben der Vermögenssorge umfasst die elterliche Sorge die Personensorge, zu der u. A. auch das **Aufenthaltsbestimmungsrecht** gehört. Näheres dazu ist in den **§§ 1626ff BGB** geregelt. Während grundsätzlich die gemeinsame Personensorge für das Kind andauert, klärt § 1687 BGB die **Rechte der getrenntlebenden Eltern** bei ihrer Ausübung:

§ 1687 BGB
Ausübung der gemeinsamen Sorge bei Getrenntleben

(1) [1]Leben Eltern, denen die elterliche Sorge gemeinsam zusteht, nicht nur vorübergehend getrennt, so ist bei Entscheidungen in Angelegenheiten, deren Regelung für das Kind von erheblicher Bedeutung ist, ihr gegenseitiges Einvernehmen erforderlich. [2]Der Elternteil, bei dem sich das Kind mit Einwilligung des anderen Elternteils oder auf Grund einer gerichtlichen Entscheidung gewöhnlich aufhält, hat die Befugnis zur alleinigen Entscheidung in Angelegenheiten des täglichen Lebens. [3]Entscheidungen in Angelegenheiten des täglichen Lebens sind in der Regel solche, die häufig vorkommen und die keine schwer abzuändernden Auswirkungen auf die Entwicklung des Kindes haben. [4]Solange sich das Kind mit Einwilligung dieses Elternteils oder auf Grund einer gerichtlichen Entscheidung bei dem anderen Elternteil aufhält, hat dieser die Befugnis zur alleinigen Entscheidung in Angelegenheiten der tatsächlichen Betreuung. (…)

Praktische Konsequenzen: Die **Abholzeit** ist gerade hinsichtlich der Aufsichtsführung **eine heikle Zeit.** Das ständige Kommen und Gehen von Eltern und Kindern, aber auch der Umstand, dass einige Eltern trotz bereits erfolgter Übergabe noch in der Einrichtung bleiben, sich miteinander unterhalten und dabei nur unzureichend auf ihre in der Einrichtung oder auf dem Freigelände spielenden Kinder achten – all das macht diese Situationen tendenziell für die Erzieherinnen sehr **unübersichtlich** und erhöht die Gefahr, dass wie im Fallbeispiel ein Kind im entscheidenden Moment aus dem Focus der Aufmerksamkeit gerät und zu Schaden kommt.

Wichtig ist es deshalb, dass alle Beteiligten für diese Problematik **sensibilisiert** werden. Nicht nur sollten Bring- und Abholzeiten sowie das jeweilige Übergaberitual im Betreuungsvertrag und in der **Konzeption** bzw. **„Hausordnung"** klar benannt werden. Da solche Texte aber häufig nicht sehr aufmerksam zur Kenntnis genommen werden, sollten die Eltern schon beim **Aufnahmegespräch** darauf besonders hingewiesen und um ihre Mitarbeit gebeten werden. Ihnen sollte bewusstwerden, dass nach der erfolgten Übergabe sie **haftungsrechtlich für ihre Kinder verantwortlich** sind, auch wenn sie sich noch in der Einrichtung aufhalten. (☛ Musterformulierung als Download) Es sollte sich die Einsicht vermitteln lassen, dass es für eine geordnete Übergabe wichtig ist, dass die Abholpersonen die Einrichtung mit den Kindern **zügig wieder verlassen. Gespräche,** möglichst ausschließlich mit der zuständigen Gruppenleiterin, sollten sich nur **auf das Notwendigste beschränken,** also auf das Kind oder die Einrichtung. Außerdem sollte klar sein, dass nur die im Betreuungsvertrag oder ergänzenden Erklärungen von den Eltern benannten Personen **abholberechtigt** sind. Gegebenenfalls muss dies einzelnen Eltern oder allen wiederholt bewusstgemacht werden, etwa durch Gespräche oder durch Aushänge.

Wichtig ist, dass **für die Eltern klare Strukturen** geschaffen werden, wann die Aufsichtspflicht der Einrichtung beginnt und wann sie endet. Bei der Erarbeitung eines **Übergabeverfahrens** sollte das Team sich an den oben genannten Handlungsphasen orientieren, um Missverständnisse zu vermeiden:

1. **Begrüßung der Abholperson:** Die Erzieherin macht dadurch deutlich, dass sie die abholende Person gesehen hat. Da sie von deren **Absicht** weiß, kann sie nun die **Übergabe einleiten,** also das Kind herbeirufen.
2. **Verabschiedung des Kindes:** Es ist eine empfehlenswerte Regel, dass die Kinder per Handschlag verabschiedet werden. Die verantwortliche Erzieherin weiß so genau, welche Kinder schon abgeholt wurden. Dazu eine Liste zu führen ist natürlich hilfreich. Des Weiteren wird dadurch **klar erkennbar die Aufsicht beendet.**
3. **Beendigung der Übergabesituation:** Indem das Kind von der abholenden Person **in Empfang genommen** wird, übernimmt diese rechtlich gesehen die Beaufsichtigung. Die **Erzieherin beendet die Übergabe** am besten auch dadurch, dass sie sich auch physisch abwendet und sich um andere Kinder bzw. Abholende kümmert.

Was hier für die Abholsituation beschrieben wurde, lässt sich leicht auch auf die **Bringzeit** übertragen. Dadurch wird sichergestellt, dass es im Übergang **keine Lücken der Aufsichtsführung** gibt und die Beteiligten sich ihrer jeweiligen Verantwortlichkeiten bewusst sind.

Die bewusste Gestaltung dient aber vorrangig nicht dazu zu klären, wer im Schadensfall verantwortlich ist, sondern dazu, die **Kinder vor Schäden zu bewahren,** die dadurch entstehen, dass weder Erzieherinnen noch Eltern sich verantwortlich fühlen. Falls Eltern ihrer wieder übernommen Aufsicht nicht aufmerksam nachkommen, sollten Erzieherinnen sie freundlich, aber bestimmt an ihre Verpflichtung erinnern.

Im obigen Fall würde ein unbeteiligter, objektiver Dritter die Situation so verstehen, dass die Gruppenerzieherin **alles Erforderliche zu einer korrekten Übergabe** von Tanja getan hat und dass die Mutter die Aufsicht wieder übernommen hat. Daher hat in diesem Fall Tanjas Mutter ihre **Aufsichtspflicht verletzt** und muss für den Schaden haften.

Tanjas Mutter kann hoffentlich auf eine **private Haftpflichtversicherung** zurückgreifen. Denn der gesetzliche Unfallversicherungsschutz erstreckt sich nur auf Körper- und Gesundheits-, nicht aber auf Sachschäden. Hätte Laura durch ihr Handeln sich oder andere verletzt, würde die **gesetzliche Unfallversicherung** Behandlungs- und Heilkosten übernehmen. Die gesetzliche Unfallversicherung übernimmt die Schäden auch dann, wenn die Aufsichtsführenden ihrer Pflicht nicht nachgekommen sind. Die Unfallkasse kann aber die Mutter aufgrund ihrer Aufsichtspflichtverletzung u. U. **in Regress nehmen.**

Die Unsicherheit Sabines hinsichtlich der vom Vater gewünschten Herausgabe seiner Tochter lässt sich durch **§ 1687 BGB** klären. Danach müssen nur **Angelegenheiten von besonderer Bedeutung** für das Kind von beiden Eltern und **einvernehmlich** entschieden werden. Solche besonderen Angelegenheiten kommen zum einen **nicht sehr häufig** vor und wirken sich zum anderen erheblich auf die **weitere Entwicklung des Kindes** aus. **Entscheidungen von besonderer Bedeutung** betreffen z. B.:

- die Auswahl der Schule bzw. des Kindergartens,
- medizinische Eingriffe und Behandlungen oder
- die Anlage oder Verwendung des evtl. vorhandenen Vermögens des Kindes.

Die Entscheidung darüber, wer und wann das Kind von der Kita auf welchem Wege abholt, zählt dagegen zu den **Angelegenheiten des täglichen Lebens,** die **häufiger vorkommen**, eine **sorgerechtliche Entscheidung erfordern** und deren **Auswirkungen auf das Kind ohne großen Aufwand wieder abzuändern** sind. Weitere **Beispiele** dafür:

- Freizeitgestaltung
- Anschaffung von Spielzeug oder Kleidung
- Verwandtschafts- und Freundschaftskontakte

- Urlaubsfahrten
- akut notwendige medizinische Behandlungen

Entscheidungsbefugnis in solchen Angelegenheiten wird vom Gesetz eindeutig und ausschließlich dem **Elternteil** zugesprochen, **bei dem das Kind sich normalerweise aufhält.** Da im obigen Fall Nena offensichtlich auch mit Einverständnis des Vaters zurzeit bei der Mutter wohnt, hat die Mutter das alleinige Entscheidungsrecht. Sabine darf Nena entsprechend dem ausdrücklichen Wunsch der Mutter nicht an ihren Vater herausgeben.

Daher muss eine Einrichtung, sobald sie von der **Trennung der Eltern** erfährt, sich informieren, **bei welchem Elternteil das Kind in der Regel in Obhut ist.** Auch ansonsten sollte für jedes Kind eine **Liste der abholberechtigten Personen** vorhanden sein, die sich aus dem Betreuungsvertrag oder weiteren Vereinbarungen ergibt. Anderen Personen darf die Erzieherin die Kinder nicht übergeben, auch wenn vorgeblich ein Notstand eingetreten ist. (Siehe dazu auch Kapitel 3.1 Kinder allein unterwegs).

Schließlich darf ein Kind auch nicht Personen anvertraut werden, die offensichtlich **zur Übernahme der Aufsicht nicht in der Lage** sind. Dazu zählen **Kinder** (also auch Geschwister) **unter 12 Jahren,** es sei denn, es liegt eine besondere schriftliche Einverständniserklärung der Personensorgeberechtigten dafür vor (☛ Einverständniserklärung Heimweg). Auch **alkoholisierten Erwachsenen** sind die Kinder zu verweigern. Es kann auch sein, dass Kinder **nicht rechtzeitig abgeholt** werden. In all diesen Fällen, ist die Erzieherin **verpflichtet,** auch auf spät kommende Eltern **zu warten, anzurufen** oder zu veranlassen, dass **eine andere geeignete Person** das Kind nach Hause bringt. Sofern anderen Personen durch die Personensorgeberechtigten die **Erlaubnis zum Abholen des Kindes** erteilt wird, muss dies in ausreichender Weise **dokumentiert** werden.

Checkliste zur Aufsichtsführung in der Abholphase

Die Erzieherin gestaltet die Bring- und Abholphase dann rechtssicher, wenn ...

- ☐ die Personensorge- und Abholberechtigten von Vornherein und nötigenfalls wiederholt über Zeiten und Verfahren der Übergabe **informiert** werden und sie sich ihrer **Verantwortlichkeiten** dabei bewusst sind.
- ☐ die **abholberechtigten Personen** benannt und bekannt sind und an diese das Kind nur ausgehändigt wird, wenn sie **zur Übernahme der Aufsichtspflicht in der Lage und bereit** sind.
- ☐ die Beteiligten sich an das **Übergabeverfahren** halten, das sich **in drei Schritten** und durch eindeutige Handlungen vollzieht: **1. Einleitung der Übergabe, 2. Vollzug** der Übergabe durch Übernahme der Aufsichtspflicht, **3. Beendigung** der Übergabe.

ÖRTLICHE UMGEBUNG

5

5.1 Im und am Wasser

Der Fall: Im Sommer 2018 ertrank die 7-jährige Ashley in einem Schwimmbad bei einem Hortausflug. In der Folge wurden zwei Erzieherinnen und eine Hauswirtschaftskraft, die zur Unterstützung bei der Aufsicht über 17 Kinder mitgekommen war, wegen fahrlässiger Tötung zu Bewährungsstrafen verurteilt. Wie die Staatsanwaltschaft ermittelte, haben die Verantwortlichen ihre Sorgfalts- und Aufsichtspflicht verletzt, denn die zwei Erzieherinnen saßen zum Unglückszeitpunkt so, dass sie das Schwimmbecken nicht sehen konnten, während die dritte Aufsichtsperson sich zu einem Toilettengang abgemeldet hatte.
In Kitas mit sportlichem Profil gehört es zum allwöchentlichen Programm, im nahen Hallenbad sich ans Wasser zu gewöhnen, schwimmen zu lernen und Spaß im Wasser zu haben. Doch sind Aktivitäten im und am Wasser nicht ungefährlich.Laut Informationen der Deutschen Lebens-Rettungs-Gesellschaft (DLRG) ist Ertrinken bei 1- bis 5-jährigen Kindern die häufigste und bei 5- bis 10-Jährigen die zweithäufigste nichtnatürliche Todesursache nach Verkehrsunfällen.

Was muss bei Aktivitäten in und am Wasser hinsichtlich der Aufsicht beachtet werden?

Rechtliche Hintergründe: Bei Aktivitäten am und im Wasser muss **wenigstens eine Aufsichtsperson „rettungsfähig"** sein und die Aufsicht im Wasser übernehmen. Wer rettungsfähig ist, definieren die Kultusministerien der Länder durch Erlasse bzw. die gesetzlichen Unfallkassen durch Sicherheitsvorschriften. Nach den Empfehlungen der Deutschen Lebens-Rettungs-Gesellschaft (DLRG) sollte der am und im Wasser Aufsichtsführende immer mindestens das **Deutsche Rettungsschwimmabzeichen in Silber** haben, auch wenn in manchen Bundesländern das Rettungsschwimmabzeichen in Bronze bei Besuchen von Hallen- und Freibädern für ausreichend erachtet wird. Dieses Abzeichen, das man alle 3 (besser 2) Jahre durch eine Wiederholungsprüfung erneuern muss, erhält man nur, wenn man eine gültige Ersthelferqualifikation nachweist, die ebenfalls alle 2 Jahre durch ein Training zu verlängern ist. Selbstverständlich, und bei größeren Gruppen notwendig, sind weitere qualifizierte Personen empfehlenswert, auch wenn sie nur über den Rettungsschwimmschein Bronze oder eine **aktuelle Erste-Hilfe-Ausbildung** verfügen. Die verantwortliche Erzieherin muss neben den erwähnten Bescheinigungen auch aktuell über die notwendige **Fitness für Rettungsaktionen** verfügen (z.B. auf 3,80 m Tiefe tauchen, um ein Kind an die Oberfläche zu bringen). Sie hat gegenüber den Kindern eine sogenannte **Garantenstellung** inne, haftet also im juristischen Sinne für deren Leib und Leben. Sie ist in erster Linie **für eine gewissenhafte Aufsichtsführung und ihre Schutzwirkung verantwortlich** und kann diese Verantwortung auch **nicht an anwesende Schwimmmeister der Badeanstalt „delegieren".**

Praktische Konsequenzen: Dieser besonderen Verantwortung und der besonderen Gefahrensituation am und im Wasser kann und muss die Erzieherin durch eine **gründliche Vorbereitung** gerecht werden.

Da ein Hallen- oder Freibadbesuch i.d.R. nicht vom Erziehungskonzept der Einrichtung gedeckt ist, muss die **schriftliche Einverständniserklärung der Personensorgeberechtigten** eingeholt werden. Die Schriftform ermöglicht auch die **Information** über die Kosten für Eintritt, Getränke etc. sowie die **Abfrage der Schwimmfähigkeit,** gesundheitlicher Einschränkungen des Kindes sowie ob sie ggf. auch allein und ohne Aufsicht baden gehen dürfen. (☛ Einverständnis zum Schwimmbadbesuch)

Die Erzieherin muss ihre **Begleitpersonen sorgfältig zusammenstellen.** Wie gesagt, muss eine über mindestens das Rettungsschwimmabzeichen Silber besitzen und eine (am besten weitere) Person muss über eine Ersthelferausbildung verfügen. Weitere Erwachsene sollten zur Begleitung gefunden werden, so dass das **empfohlene Aufsichtsverhältnis von 1:3** (max. 1:4) erreicht wird. Dieses Verhältnis war im obigen Beispielfall nicht gegeben.

Im Übrigen darf man mit Kindern **nur an öffentlichen und beaufsichtigten Badestellen** baden gehen. Das **Baden im Meer** ist mit besonderen Gefahren (Wellen, Brandung, Strömung) verbunden, die sich plötzlich durch Wetter und Gezeiten erhöhen und kritisch werden können.

Üblicherweise wird es sich aber um ein **Frei- oder Hallenbad** handeln. Die Erzieherin sollte **vorab die Badeanstalt besichtigen** und folgende Aspekte bei der Vorbereitung berücksichtigen:

- **Besucherandrang zum Zeitpunkt des Ausflugs**
- **Zusammensetzung der Badbesucher (eher viele Jugendliche oder überwiegend Ältere?)**
- **beste Positionen zur Beaufsichtigung des Wassers**
- **Größe der Umkleide- und Duschräume**
- **besondere Gefahrenbereiche wie die Abgrenzung zum Schwimmerbereich oder die Sprunganlagen**
- **Lage der Rettungsmittel wie Stangen oder Ringe**

Nicht erst am Beckenrand, wenn die Kinder sicher nicht mehr genügend Aufmerksamkeit dafür aufbringen werden, sondern weit vorher wird die Erzieherin ihren Kindern die Baderegeln vermitteln. (Siehe hierzu https://www.dlrg.de/presse/pm-baderegeln.html) Dies geschieht selbstverständlich so, dass die Kinder altersgemäß die Sinnhaftigkeit der Regeln nachvollziehen können und mit den Gefahren des Wassers vertraut werden. Gegebenenfalls kann man dafür auch auf die örtlichen Kita-Angebote der DLRG oder der Wasserwacht zurückgreifen.

Wie bei jedem Ausflug wird auch beim Freibadbesuch die **Erste-Hilfe-Tasche** mitgenommen. Auch ein **Handy** sollte mit dabei sein, damit man nötigenfalls einen Notruf absetzen kann. **Einheitliche Badekappen** in auffälliger Farbe für alle Kinder erleichtern es in jeder Situation, die Gruppe schnell überblicken zu können. Zu beachten ist, dass **Schwimmflügel oder -reifen keinen Ertrinkungsschutz bieten** und eher eine falsche Sicherheit vortäuschen.

Selbstverständlich sollte auch der Hin- und Rückweg hinsichtlich möglicher Gefahrensituationen gecheckt werden. Dazu siehe mehr im Kapitel 5.3 Mit Kindern unterwegs.

Im Schwimmbad angekommen achtet die Erzieherin darauf, entsprechend ihrer Garantenstellung stets den **Überblick über die Gruppe** zu behalten – vom Umkleide- über den Dusch- bis hin zum Wasserbereich. Auch achtet sie darauf, dass die **Bade- und weitere vorher vereinbarte Regeln** beachtet werden:

1. Sich abkühlen, bevor es ins Wasser geht!
2. Kein Toben im Umkleide- und Duschraum!
3. Keine Ketten, Ringe, Ohrringe oder Uhren beim Baden tragen!
4. Kein Laufen oder Rennen auf nassen Böden!
5. Nicht mit vollem oder ganz leerem Magen ins Wasser!
6. Wer nicht schwimmen kann, geht nur bis zum Bauch bzw. im Nichtschwimmerbereich ins Wasser!
7. Nicht ins Wasser spucken!
8. Untertauchen anderer verboten!
9. Nicht vom Beckenrand springen!
10. Wer friert, verlässt das Wasser!
11. Nicht um Hilfe rufen, wenn man nicht in Gefahr ist!

Der Bademeisterin vor Ort sollte die **Anwesenheit der Gruppe gemeldet** werden. Deren Anwesenheit entbindet aber, wie erwähnt, nicht von einer gewissenhaften eigenen Aufsichtsführung. Als Erstes verabreden die Begleitpersonen die **Aufsichtsbereiche und Zuständigkeiten.**

Obwohl die Betreuerinnen im erwähnten Unglücksfall von Ashley wussten, dass sie nicht schwimmen konnte, hatten sie ihre Sorgfaltspflichten verletzt, als sie das Schwimmbecken für mindestens 10 Minuten nicht beaufsichtigten. Der **Wasserbereich** sollte jedoch **stets von mindestens zwei Aufsichtspersonen** beobachtet werden, am besten mit einer innerhalb und einer außerhalb des Wassers. So kann im Notfall die eine sich um eine eventuelle Gefahrensituation kümmern, während die andere die restliche Gruppe im Auge behält. Bei gemischten Gruppen von nicht- und schwimmfähigen Kindern werden getrennte Betreuungsgruppen zusammengestellt. Die zu beaufsichtigende Gruppe sollte räumlich nah beisammenbleiben.

Die **Badezeit** ist zu begrenzen bzw. mit unbeaufsichtigten Gruppen älterer Kinder und Jugendlicher eindeutig zu vereinbaren. **Frieren** im Wasser ist auf jeden Fall ein Zeichen für das Ende der Badezeit.

Zwischendurch und zum Abschluss vergewissert sich die Erzieherin der **Vollzähligkeit der Gruppe.** Sie achtet zum Abschluss des Badeaufenthaltes auch darauf, dass die Kinder **weder eigene Sachen noch Müll hinterlassen.**

Checkliste zur Aufsichtspflicht im und am Wasser

Der besonderen Gefahrensituation beim Baden und Schwimmen und ihrer Garantenstellung wird die Erzieherin dann gerecht, wenn

- ☐ sie die **schriftliche Einverständniserklärung der Personensorgeberechtigten** und weitere **wichtige Informationen über die Kinder** bezüglich des Badens einholt.
- ☐ sie **vorab** die Badestelle hinsichtlich **möglicher Gefahren** erkundet hat.
- ☐ sie die Kinder durch die **Vermittlung der Baderegeln** auf die Gefahren im Wasser vorbereitet hat und auf deren **Befolgung beim Badeausflug** achtet.
- ☐ sie einen **Verbandskasten** ö.Ä. und ein **Handy** für den Bedarfsfall mitnimmt.

- ☐ sie **ausreichend Begleitpersonen** (im Verhältnis 1 : 3) dabei hat, die über **Rettungsschwimmer-** und **Ersthelferqualifikationen** verfügen.
- ☐ sie die Anwesenheit der Gruppe **den Bademeister/-innen meldet.**
- ☐ sie vor Ort stets den **Überblick über die Gruppe bewahrt** (einheitliche Badekappen, wiederholtes Durchzählen, Beisammenhalten der Gruppe oder klare Absprachen mit älteren Kindern/Jugendlichen etc.).
- ☐ sie eine klare **Aufteilung der Begleitpersonen nach Aufsichtsbereichen** vornimmt und den **Wasserbereich besonders gut überwacht.**

5.2 Außengelände

Der Fall:
(1) Im Freigelände seines Kindergartens kletterte ein 5-jähriges Mädchen auf einen Obstbaum und stürzte ab. Ihre erheblichen Verletzungen erforderten eine aufwändige Operation und längere Heilbehandlung. Die Eltern verklagten die Einrichtung wegen Verletzung der Aufsichtspflicht.
(2) Über den Zustand des Außengeländes der Kita „Planetenweg" sind Team und Eltern gleichermaßen unzufrieden: Rasenflächen sind durch den Spieldruck der Kinder löchrig geworden oder verschwunden, und an vielen Stellen versickert das Regenwasser nicht mehr. Im Planungsverfahren für das neue Außengelände werden die Kinder beteiligt und ein Förderverein ermöglichte die Erfüllung der größten Kinderwünsche. In Zusammenarbeit von Erzieherinnen und Eltern entsteht ein neuer Plan für ein naturnahes Außengelände auf engstem Raum: Das Gelände soll durch Bodenmodellierung, Pflanzen und Wege strukturiert und ein Sand- und Matschbereich mit Bachlauf geschaffen werden. Ergänzt durch eine Rutsche und eine Schaukel wird eine Landschaft gestaltet, in der differenzierte Bewegungs- und Sinneserfahrungen möglich sind. Das Ergebnis: ruhigere und konzentrierte Spielprozesse, weniger Konflikte und Kinder, die selbstbestimmt und eigenaktiv ihr Denken und Handeln gestalten.

Was muss bei der Aufsichtsführung im Außengelände rechtlich beachtet werden?

Rechtliche Hintergründe: Immer mehr Einrichtungen bauen ihr Außengelände zu einem **naturnahen Spielraum** um. Doch so sehr diese Art der anregungsreichen Spiel- und Bewegungsräume wesentlich kindgerechter und förderlich in allen Entwicklungsbereichen sind, so sehr bringen sie auch ein **erhöhtes Risikopotenzial** und damit **besondere Anforderungen an die Aufsichtsführung.** Nach § 1 Abs. 1 SGB VIII ist das grundlegende Ziel der Kinder- und Jugendhilfe, das Recht jedes jungen Menschen „auf Förderung seiner Entwicklung und auf Erziehung zu einer eigenverantwortlichen und gemeinschaftsfähigen Persönlichkeit" zu verwirklichen helfen. Diese Entwicklung kann einerseits nur dadurch gefördert werden, dass **entsprechend ihrer zunehmenden Fähigkeiten und dem steigenden Bedürfnis** danach, Kindern **selbständiges und verantwortungsbewusstes Handeln** ermöglicht wird. Dies muss aber andererseits in Einklang mit einer den Umständen dieser (Selbst-)Bildungsmaßnahmen **angemessenen Aufsicht** erfolgen. Ist ein Außengelände mit den notwendigen Sicherheits- und Schutzmaßnahmen ausgestattet, verfügt es neben einem enorm hohen Spielwert über grenzenlose Gelegenheiten und Impulse für die kindliche Selbstbildung. Das Schaffen von spannenden, vielseitigen und mit einem selbstsicherheitsfördernden Risiko ausgestatteten Spielbereichen stellen eine große **Herausforderung für jede Kindertagesstätte** dar.

Praktische Konsequenzen: Die **Sicherheit der Kinder** im Außengelände wird **gewährleistet durch**

1. **gestalterische Maßnahmen,** die die Gefahren für die Kinder weitmöglichst minimieren und
2. **Anleitung der Kinder** zu sicherem, also vor allem selbst sicherndem Verhalten.

1. Sicherheitsgestaltung: Die Sicherheit durch Gestaltung geschieht vor allem dadurch, dass **Gefahrenstellen nicht versteckt** sein dürfen und **für die Kinder erkennbar** sind. Dies gelingt dadurch, dass **Spezialist-/innen bei der Planung** hinzugezogen werden. Viele Landschaftsarchitekt-/innen und -planer-/innen haben sich fortgebildet und kennen kindgerechte Verfahren und Methoden, den **Bedarf und die Wünsche der Kinder** zu erfragen. Ihre darauf beruhenden Entwürfe berücksichtigen eine **kindgerechte Dimensionierung,** den pädagogischen Schwerpunkt sowie das Alter und die Handicaps der Kinder. Sie sorgen für die **Verwendung geeigneter und beständiger Materialien** und entsprechen den einschlägigen **DIN-Normen,** indem sie z. B. einen ausreichenden Fallschutz vorsehen. Sie gewährleisten die **Standsicherheit** der Bauten und Geräte, stimmen ihre Planung mit dem **Unfallversicherungsträger** ab und **koordinieren die Eigenleistungen** seitens des Teams und der Eltern.

Grundsätzlich müssen die Höhen und Tiefen, aber auch Geschwindigkeiten, Gewichte und Massen bei der Benutzung mancher Spielanlagen **für die Kin-**

der erkennbar und kalkulierbar sein. **Gewollte Risiken** können hinsichtlich ihres Schwierigkeitsgrades unterschiedlich **farblich gekennzeichnet** werden für Anfänger, Fortgeschrittene und Könner. Gefahrenzonen wie der Landeplatz beim Runterspringen werden durch Warnfarben deutlich gekennzeichnet. Geräte und Anlagen sollten so konstruiert sein, dass die Kinder **nicht irgendwo hängenbleiben oder sich etwas einklemmen können.** Spiel- und besonders die Bewegungsräume von jüngeren und älteren Kinder sind räumlich getrennt. Weitere **ungewollte Gefahren werden ausgeschaltet,** wenn auf spitze, scharfe oder gesundheitsgefährdende Gegenstände, Materialien und Pflanzen verzichtet wird. Doch Vorsicht auch hier vor Übertreibung: Der vorsichtige Umgang mit stechenden, brennenden und mindergiftigen Pflanzen ist Kita-Kindern im Interesse der Naturnähe durchaus zuzumuten.

Unverzichtbarer Bestandteil eines naturnahen Spielraums sind **Wasserstellen,** ob als Quelle, Bach, Teich, Pfütze oder Schlammloch. Die Wassertiefe sollte allerdings nicht mehr als 20 cm betragen. Doch Vorsicht: Es sind (vor allem jüngere) Kinder schon in flacherem Wasser ertrunken! Dabei handelt es sich meist um ein sogenanntes **„trockenes Ertrinken“,** eigentlich ein Ersticken. Dazu kommt es, weil bei den Kindern, indem sie mit dem Gesicht ins Wasser geraten, ein Stimmritzenkrampf ausgelöst wird, der die Luftröhre verschließt und das Eindringen von Wasser in die Lunge verhindert. Insbesondere wenn auch Krippenkinder damit spielen können sollen, sollte es also gar **keine Wasseransammlungen** geben.

Weidenruten sind für Kinder ein sehr geeignetes Baumaterial und ermöglichen ihnen, Hütten, Zäune, Tunnel u. v. m. zu bauen. In den Boden gesteckte Weidenruten müssen über dem Erdboden eine **ausreichende Mindesthöhe** besitzen, damit sie nicht als „Spieße“ wirken. Diese Bauten müssen regelmäßig einer **Sichtkontrolle** unterzogen werden und trocken gewordene und spitz herausstehende Ruten **umgehend entfernt und ausgetauscht** werden.

Für die Sicherheitsgestaltung ist in erster Linie der **Einrichtungsträger verantwortlich.** Er muss seiner Verkehrssicherungspflicht nachkommen, indem er notwendige Sicherheitsvorkehrungen erfüllt. Neben der **normgerechten Aufstellung der Spielgeräte** gehört dazu ihre **regelmäßige Sicherheitsüberprüfung.** Wenn diese Funktion nicht von der Leiterin der Einrichtung versehen wird, muss der Träger in jeder Einrichtung eine **Sicherheitsbeauftragte** einsetzen.

2. Sicherheitserziehung: Die möglichst sichere Gestaltung eines naturnahen Außengeländes muss erzieherisch vor allem dadurch begleitet werden, dass die Kinder **über Risiken aufgeklärt und informiert** werden. Erst wenn die Kinder altersgerecht über mögliche Gefahren aufgeklärt wurden und sie in der Lage sind, Risiken zu erkennen, einzuschätzen und dabei ihre eigenen Grenzen zu berücksichtigen, können sie **sich selbst sichern.**

Im eingangs erwähnten Fall bestand der Hauptvorwurf der Eltern darin, dass seitens der Einrichtung ein **Kletterverbot den Kindern nicht klar kommuniziert** wurde. Zusätzlich hätte die **Zugänglichkeit des Baums eingeschränkt** oder zumindest das Kletterverbot auch optisch unterstrichen werden müssen, z.B. durch Umwicklung mit einem Signalband.

Im Kita-Alltag muss die Erzieherin darüber hinaus bei jedem einzelnen Kind aufgrund ihrer genauen Kenntnis des Entwicklungsstandes die **jeweils zumutbaren Risikogrenzen einschätzen.** Da Kinder in Gruppen anders agieren und reagieren als einzelne Kinder, erfordert auch die jeweilige Zusammensetzung der Gruppe eine **bewusste Entscheidung über die zugestandenen Freiräume.**

Bei **Arbeiten im Außengelände** sind die Kinder aus dem Gefahrenbereich eingesetzter Geräte, wie z.B. einem Rasenmäher, **fernzuhalten.** Auch hier reicht es nicht, nur ein Verbot auszusprechen, es muss auch dessen Einhaltung **kontrolliert und abgesichert** werden.

Bei der Aufsichtsführung wird von Erzieherinnen im Sinne ihres Schutzauftrags vor allem **vorausschauende Gefahrenabwehr** erwartet. Dazu gehört, dass sie vor Freigabe des Außengeländes das **Gebiet auf gefährliche Veränderungen überprüfen,** etwa auf über Nacht hereingeworfene Flaschen und andere Gegenstände oder auf angebrochene Äste aufgrund des nächtlichen Sturms. Zur entsprechenden Jahreszeit können Giftpilze aus dem Boden geschossen sein. Im Winter achtet sie auf rutschige Stellen durch Eisglätte und im Sommer auf den Schutz vor Wespen, wenn draußen etwas gegessen und getrunken wird. Nicht nur bei den turnusmäßig zu erfolgenden Überprüfungen sollten die **Spielgeräte hinsichtlich ihrer funktionalen Sicherheit beobachtet** werden. Rost an tragenden Stellen, ungewöhnliches Quietschen und erst recht Splitter und scharfkantige Kanten sind Anlass, das Gerät für die Kinder wirksam zu sperren und seine Reparatur- oder Ersatzbedürftigkeit **dem Träger zu melden.**

Die **Aufsichtsbereiche** sollten im Team klar abgesprochen werden. In ihrem Bereich sorgt die Erzieherin dafür, dass keines der Kinder zu lang unbeaufsichtigt bleibt. **Je jünger, desto lückenloser** muss in der Regel die Aufsicht erfolgen.

In vielen Einrichtungen können (ältere) Kinder in begrenzter Zahl sich **auch ohne ständige Aufsicht auf dem Außengelände** aufhalten, wenn und auch nur solange sie sich an klar abgesprochene **Regeln** halten. Die Erzieherinnen können die Kinder meist durch die Fenster im Außenbereich i**m Auge behalten** oder schauen von Zeit zu Zeit nach dem Rechten.

Auch die **Kleidung der Kinder** sollte kritisch überprüft werden, denn durch Kordeln, Knoten oder Bänder daran können Kinder bei der Benutzung von Spielgeräten hängenbleiben oder gar stranguliert werden.

Die **Aus- und Zugänge** zum Gelände sind besonders im Auge zu behalten. Die Erzieherin liegt gewissermaßen ständig **auf der Lauer,** ob nicht irgendwo ein Kind **Hilfestellung oder Anleitung** braucht oder ggf. **von einer Selbstgefährdung abgehalten** werden muss.

Checkliste zur Aufsichtsführung auf dem Außengelände

Aufsichtsführung auf dem Außengelände achtet insbesondere darauf,

- ☐ dass die Anlage und Geräte in einem **ordnungsgemäßen und sicheren Zustand** sind;
- ☐ dass die Kinder **über Gefahren und Risiken der einzelnen Bereiche und Geräte informiert** sind;
- ☐ dass gewollte Risiken **deutlich gekennzeichnet** sind und ggf. zusätzlich **besonders abgesichert** werden;
- ☐ dass ungewollte Gefahren, die nicht zu beseitigen sind, **wirksam abgesperrt** werden;
- ☐ dass die Kinder sich an die mit ihnen besprochenen und vereinbarten **Regeln** bei der Benutzung der verschiedenen Spielgelegenheiten und -bereiche halten;
- ☐ dass Kinder, je nach Alter, Eigenart und Charakter, **nicht länger ohne Aufsicht** bleiben;
- ☐ dass Kinder, die es benötigen, **Hilfe und Anleitung** erhalten;
- ☐ dass Kinder **vor sie überfordernden Situationen bewahrt** werden.

5.3 Mit Kindern unterwegs

Der Fall: Mit riesiger Vorfreude und Schmetterlingen im Bauch treten die Kinder der Bienen-Gruppe zum Ausflug auf den Erlebnisbauernhof „Zur Mühle" an. Dafür stellen sie sich in Zweierreihen auf, wobei aber Charlotte und Leni wieder getrennt werden müssen, da sie immer wieder in Streit miteinander geraten. Auch müssen Erzieherin Anna und ihre Kollegin erst noch einige Schnürsenkel binden und zu lange Hosenbeine hochkrempeln, bevor es losgehen kann. Ansonsten tragen alle Kinder einheitliche Warnwesten, auch wenn ihnen nur ein kurzer Fußweg bevorsteht. Die Erzieherinnen haben den Ausflug genauestens geplant und auch noch zwei Mütter zur Unterstützung gewinnen können. Das Handy, die Verbandstasche und andere nützliche Utensilien sind mit dabei, als sich die Gruppe, mit einer Erzieherin vorn und einer hinten und mit den Müttern straßenseitig daneben, auf den Weg zur nahen Bushaltestelle macht. Dazu müssen die Ausflügler nur einmal eine Straße überqueren, was Kinder vorher schon einmal auf dem Kindergartengelände geübt haben. Auch das Umsteigen am ZOB klappt problemlos, da auch dieses zuvor geübt wurde und die Erzieherinnen die Kinder koordiniert anleiten und im Blick behalten.

Was muss bei Ausflügen in die nähere Umgebung aufsichtsrechtlich beachtet werden?

Rechtliche Hintergründe: Spaziergänge in die nähere Umgebung zu unternehmen ist ein **regulärer Bestandteil der Erziehungskonzeption** einer Kita. Da die Eltern dem bereits durch den Betreuungsvertrag zugestimmt haben, braucht es dafür keiner gesonderten Einverständniserklärung der Eltern. Aber selbstverständlich muss ein solcher Spaziergang so durchgeführt werden, wie es den **Vorschriften zur Aufsichtspflicht** entspricht. Kommt es zu einer Aufsichtspflichtverletzung, muss der Träger für das Verschulden der Erzieherin nach § 278 BGB **haften.** Handelt es sich um eine besonders schwere Aufsichtspflichtverletzung könnte die Erzieherin nach dem **Recht der unerlaubten Handlungen** (§§ 823ff BGB) auch selbst haften müssen. Kommt ein Kind bei einer Aktivität des Kindergartens zu Schaden, wird dies stets nach den **konkreten Umständen dieser Aktion** beurteilt. Stellt sich dabei heraus, dass die Aufsicht führende Erzieherin die Gefahr hätte ausschließen können, wird man sie zur Verantwortung ziehen.

Praktische Konsequenzen: Spaziergänge mit Gruppen von mehr als 20 Kindern im Straßenverkehr stellen an die Aufsichtsführung besondere Anforderungen. Neben der fehlenden Verkehrstüchtigkeit 3- bis 6-jähriger Kinder können Gefahren auch von dem manchmal rücksichtslosen Verhalten anderer Verkehrsteilnehmer ausgehen. Deshalb muss die Erzieherin durch eine **gewissenhafte Vorbereitung** möglichst viele **Gefahren ausschließen:**

Der **Weg** sollte **nicht zu lang** bemessen sein, da die Kinder spätestens nach einer Stunde nicht nur müde und unwillig, sondern auch unaufmerksam werden. **Gefahrenquellen** wie

- Straßen mit fehlendem oder zu schmalem Gehsteig
- große Kreuzungen mit zu kurzen Ampelzeiten
- Baustellen
- Bahndämme
- Gewässer
- stark frequentierte Bushaltestellen und Plätze sowie andere
- unübersichtliche Örtlichkeiten

sollten vermieden und dafür **Umwege** in Kauf genommen werden. Auf der anderen Seite sollten beizeiten **Pausen** eingeplant und dafür geeignete Plätze ausfindig gemacht werden.

Als **Ausrüstung für Not- und andere Zwischenfälle** sollte die Erzieherin Folgendes beim Ausflug **dabeihaben:**

- Schülerlotsenkelle (für ungesicherte Übergänge)
- Erste-Hilfe-Tasche
- Mobiltelefon (aufgeladen und mit Netzverbindung im Ausflugsbereich)
- Telefonnummern der Kita und der Eltern
- Liste der teilnehmenden Kinder
- Taschentücher / Toilettenpapier
- Mülltüten

Wenn die Erzieherinnen **Jacken oder Westen in Signalfarben** tragen, können sich die Kinder auch in angespannten Situationen gut an ihnen orientieren. Noch besser und hilfreich wiederum für den Überblick der Erzieherin ist es, wenn auch die Kinder einheitliche, farblich auffällige **Warnwesten** tragen.

Es gibt keine gesetzliche Vorgabe dafür, wie der **Aufsichtsschlüssel,** also das Verhältnis von Gruppengröße zur Anzahl der Aufsichtsführenden, zu bemessen ist. Dies ließe sich auch gar nicht generell festlegen, sondern es kommt auch bei dieser Frage auf die konkreten Umstände der jeweiligen Unternehmung an (Siehe Kapitel 1 „Grundsätze einer verantwortlichen Aufsichtsführung"). Kommt es zu einem Schadensfall, wird man die Erzieherin und ihre Begleitpersonen fragen, ob es ihnen überhaupt **möglich** war, **die gesamte Gruppe beständig im Blick zu behalten** und **bei Gefahr eingreifen** zu können, etwa wenn ein Kind plötzlich auf die Straße läuft. Ist man nur zu zweit, läuft also eine Aufsichtsperson vorne und eine am Ende der Gruppe, könnte dies für die Kinder in der Mitte des Zuges nicht mehr gewährleistet sein. Die Erzieherin sollte daher versuchen, mit **Praktikantinnen oder Müttern/Vätern** ausreichend zusätzliche Begleitpersonen zu gewinnen. Bei deren Auswahl muss sie aber auch ihre

Sorgfaltspflichten beachten und darf nur **geeignete Personen** an der Aufsichtsführung beteiligen. (Mehr dazu in Kapitel 7.2 „Mitarbeit von Eltern und Ehrenamtlichen").

Auf jeden Fall braucht es auch bei kleineren Gruppen **immer mind. zwei Begleitpersonen.** Nur dann kann sich die eine um einen eventuellen Notfall kümmern, während die andere weiter auf den Rest der Gruppe aufpasst. Es sollte mindestens eine Begleitperson über eine **Ersthelferinnen-Ausbildung** verfügen.

Die Erzieherin spricht mit den Kindern **vorab über das richtige Verhalten im Straßenverkehr** und stellt **klare Regeln** auf. **Unmittelbar bevor es losgeht,** sollte die Erzieherin und ihre Unterstützerinnen die Kinder einer **Kontrolle** unterziehen. Dabei achten sie auf offene Schuhe, zu lose befestigte Klettverschlüsse, zu lange Hosenbeine oder zu große Mützen oder Kapuzen, die die Sicht behindern. Sind die Kinder wetterangepasst gekleidet bzw. verfügen sie über den eventuell notwendigen Sonnenschutz? Auch wegen der Sichtbehinderung durch sie sollte auf Regenschirme verzichtet werden. Belastendes Gepäck wie Rucksäcke, Puppen, Spielzeug usw. lassen die Kinder am besten in der Einrichtung. Schließlich findet jetzt wie auch immer wieder während und zum Ende der Wanderung eine **Vollzähligkeitsüberprüfung** statt.

Die Kinder sollten immer **zu zweit laufen,** aber nicht jede Kombination ist sinnvoll. Am besten nimmt ein älteres Kind ein jüngeres so an die Hand, dass das jüngere auf der straßenabgewandten Seite läuft. Wenn die **Paare auf Dauer** zusammenbleiben, können sie sich aneinander gewöhnen und bemerken es sofort, wenn ihr Partner fehlt. Wenn Paare miteinander in Streit geraten oder gemeinsam wegzulaufen suchen, sollten die beiden **getrennt** werden.

Eine Erzieherin geht vorweg und gibt damit auch das **Schritttempo** vor. Dabei richtet sie sich selbstverständlich nach den langsamsten Teilnehmern und achtet nach hinten darauf, dass die **Gruppe zusammenbleibt.** Darauf zu achten ist aber vor allem Aufgabe der **hinten laufenden Erzieherin,** die die gesamte Gruppe stets vor Augen hat, also keine Nachzügler hinter sich duldet. **Weitere Begleitpersonen** verteilen sich an der Seite des Zuges und **decken dabei vor allem die straßenzugewandte Seite ab.**

Solch ein Spaziergang ist auch immer Anlass und Gelegenheit zur **Verkehrserziehung.** Erzieherinnen sollten sich stets bewusst sein, dass sie auf die Kinder vor allem dadurch wirken, dass sie ihnen **sicheres Verhalten im Verkehr vorleben.** Außerdem kann das vorne mit der Erzieherin laufende Paar die Funktion der **„Piloten" für die Gruppe** bekommen. Sie üben **Rücksicht nehmen,** indem sie auf andere Fußgänger oder Hindernisse achten. Bei jeder **schlecht einsehbaren Hauseinfahrt,** stoppen sie und lassen die Gruppe erst weitergehen, wenn sichergestellt ist, dass sich kein Fahrzeug nähert. Weil das die kindliche Aufmerksamkeit schärft, zählt die Gruppe gemeinsam an **Ampeln** bis sie auf Grün schalten. Aus dem passiven Mitlaufen der Kinder wird so ein aktives Erleben. Beim Überqueren des **Zebrastreifens** geben die Piloten erst dann „Grün" für die Gruppe, wenn wirklich der Verkehr zum Halten gekommen ist.

Will die Erzieherin den **öffentlichen Personennahverkehr** nutzen, gilt es ebenfalls einiges zu beachten. Im Gegensatz zum einfachen Spaziergang braucht sie dafür das **Einverständnis von Träger und Eltern.** Bei der Benutzung von U-, S- und sonstigen **Bahnen** sollte den Kindern in der Vorbereitung vermittelt worden sein, auf dem Bahnsteig nicht zu rennen, zu drängeln oder zu schubsen. Auch sollte niemand zu nah an der Bahnsteigkante stehen, da durchfahrende Züge sonst eine gefährliche Sogwirkung haben können. Empfehlenswert ist, dass Begleitpersonen vor Fahrtantritt Kontakt zum Zugfahrer herzustellen. Wenn möglich wählt die Gruppe den vorderen Wagen des Zuges. **Während des Einsteigens** zählt eine der Betreuungspersonen erneut durch und steigt als Letzte in den Wagen. Im Wagon bleibt die Gruppe beisammen. Jeder setzt sich, wenn möglich, oder hält sich an Stangen oder Griffen fest.

Bei **Busfahrten** sollten Fahrzeiten während des starken Berufsverkehrs vermieden werden. Dann kann man auch leichter den Busfahrer direkt ansprechen, ob die Fahrgäste durch die hintere Ausstiegstür einsteigen dürfen. Wenn möglich, setzen sich die Kinder **nah beieinander.** Wer keinen freien Platz findet, hält sich auch hier an Stangen oder Griffen gut fest. Vor **dem Aussteigen** weist die Erzieherin die Kinder darauf hin, dass Fahrräder ihren Weg kreuzen könnten. Außerdem steigt **eine Begleitperson als Erste** aus und sichert das Aussteigen, während die letzte Begleitperson darauf wartet, dass jedes Kind der Gruppe den Bus verlassen hat.

Zur **Benutzung von Privat-PKWs** von Erzieherinnen oder Eltern für die Beförderung von Kindern sei hier auf die Ausführungen im Kapitel 5.4 „Waldausflug" verwiesen.

Checkliste zur Aufsichtspflicht bei Ausflügen in die nähere Umgebung

Einen (rechts-)sicheren Ausflug in die nähere Umgebung veranstaltet die Erzieherin, wenn sie in der Vorbereitung und Durchführung Folgendes beachtet:

- ☐ Sie hat die ggf. notwendigen **Einverständnisse** des Trägers und der Eltern eingeholt.
- ☐ Sie erkundet **vorab** den Weg hinsichtlich **möglicher Gefahren** bzw. **wählt eine möglichst sichere Route.**
- ☐ Sie vermittelt den Kindern in der Vorbereitung auf den Ausflug die **Regeln für das richtige Verhalten** im Straßenverkehr bzw. im Öffentlichen Personennahverkehr und achtet auf deren **Befolgung beim Spaziergang.**
- ☐ Sie hat für eine der Größe und der „Schwierigkeit" der Gruppe **angemessene Zahl an Aufsichtspersonen** gesorgt (mindestens 2) und wenigstens eine Person verfügt über eine **gültige Ersthelferinnenqualifikation.**
- ☐ Sie nimmt eine **Erste-Hilfe-Tasche, Handy** und andere nützliche und hilfreiche Ausrüstung mit.
- ☐ Die Gruppe trägt einheitliche **Warnwesten.**
- ☐ Vor Abmarsch werden die Kinder hinsichtlich **Kleidung und Schuhwerk gecheckt,** ob alle laufsicher und wetterangepasst ausgestattet sind.
- ☐ Gemeinsam mit ihren Begleitpersonen behält sie bei der Wanderung stets den **Überblick über die Gruppe** (wiederholte Vollzähligkeitsprüfung) und ergreift **bei aktuell aufziehenden Gefahren** (z.B. Wetterumschwünge) **rechtzeitig** die **erforderlichen Maßnahmen.**

5.4 Waldausflug

Der Fall: Der wöchentliche Waldtag ist stets ein freudig erwarteter Höhepunkt für die sieben 5- bis 6-jährigen „Schulis" der Einrichtung. Bevor es aber jeweils losgeht, erkundigt sich Erzieherin Susanne, die den Ausflug mit der Unterstützung ihrer Kollegin durchführt, beim Förster über mögliche Gefahren und Besonderheiten im Waldgebiet. In Absprache mit Träger und Eltern benutzen die Erzieherinnen ihre privaten Autos zur Anfahrt, denn der Wald liegt ein paar Kilometer entfernt. Dafür haben die Erzieherinnen auch die passenden Kindersitze dabei. Die Wanderung zur bekannten Waldlichtung wird nur kurz unterbrochen, weil die 5-jährige Hanna stolpert und sich beim Hinfallen die Handfläche verletzt. Doch zum Glück lässt er sich trösten, und nachdem er mithilfe eines Pflasters aus der mitgenommen Erste-Hilfe-Tasche „verarztet" wurde, kann es weitergehen. Auf der Lichtung angekommen überprüft Susanne die Spielbereiche der Kinder auf Gefahrenquellen wie Windbruch in den Bäumen und möglicherweise umstürzendes Totholz. Währenddessen baut die Gruppe mit der anderen Erzieherin zusammen ein Waldsofa aus Ästen und Zweigen, um gemeinsam die mitgebrachten Brote zu essen. Bevor es mit dem Freispiel losgeht, erinnert Susanne die Kinder an die Begrenzungen des Spielbereichs und daran, welche Bäume beklettert werden dürfen und welche nicht. Die Kinder erleben dann im Freispiel den Wald als einen ganz besonderen Ort, an dem intensive Naturerlebnisse, aufregende Entdeckungen, vielfältige Bewegungen und sinnliche Erfahrungen möglich sind. Als aber der 6-jährige Paul eine Zecke an seinem Bauch entdeckt, beschließen die Erzieherinnen den Waldtag vorzeitig zu beenden. Sie informieren telefonisch Pauls Mutter, die bei dieser Gelegenheit Susanne bittet, die Zecke mit Hilfe einer Zange zu entfernen. Susanne vereinbart mit ihr, dass sie zum Waldparkplatz kommt, um ihr Kind zum Arztbesuch abzuholen.

Was muss bei Ausflügen in den Wald aufsichtsrechtlich beachtet werden?

Rechtliche Hintergründe: Bei 5- bis 6-jährigen Kindern einer regulären Kindergartengruppe wird ein **Schlüssel von 1:5** für ausreichend sicher gehalten. Sind die Kinder jünger oder gibt es Verhaltensauffälligkeiten oder Entwicklungsverzögerungen bei ihnen, benötigt man **mehr Betreuer.** Es braucht, auch bei kleineren Gruppen, **immer mindestens zwei Begleitpersonen.** Nur dann kann sich im Notfall die eine darum kümmern, während die andere weiter auf den Rest der Gruppe aufpasst. Schließlich muss mindestens eine Begleitperson über eine aktuelle (alle zwei Jahre durch ein Training aufgefrischte) **Ersthelfer-Ausbildung** verfügen.

Gegen einen **Transport im Privat-PKW** ist rechtlich nichts einzuwenden, wenn zuvor das **Einverständnis des Trägers und der Eltern** eingeholt wurde. Laut § 21 StVO ist aber der **Transport von Kindern bis zum 12. Lebensjahr in PKWs nur mit geeigneten Rückhalteeinrichtungen** (Kindersitzen) erlaubt.

Dass beim Spiel mit Matsch und anderen Naturmaterialien die **Kleidung der Kinder verschmutzt, müssen Eltern ggf. hinnehmen.** Der Bildungsauftrag nach § 22 SGB VIII verpflichtet pädagogische Fachkräfte dazu, den Kindern Gelegenheiten für kreativen Ausdruck und sinnliche Erfahrungen zu eröffnen. Wenn allerdings das Spielen mit Wasser in der Weise ausartet, dass die Kinder dabei ihre Kleidung **durchnässen,** muss wegen der Erkältungsgefahr eingeschritten werden.

Alle Waldgesetze der Bundesländer **verbieten das Klettern und Balancieren auf aufgestapelten Baumstämmen.** Der Grund ist, dass es immer wieder zu auch tödlichen Unfällen gekommen ist, wenn der Stapel ins Rollen geriet oder ins Rutschen kam.

Um sicher zu gehen, sollte die Erzieherin eine Zecke bei einem Kind **nicht ohne Einverständnis der Eltern** beseitigen. Es könnte als ein verbotener medizinischer Eingriff gesehen werden, auch wenn dieser aus der Überzeugung geschieht, dass ein frühzeitiges Entfernen der Zecke das Risiko einer Folgeinfektion verringert. Verweigern die Eltern ihre Einwilligung, müssen sie aufgefordert werden, unmittelbar selbst die Zecke zu entfernen oder entfernen zu lassen. Für den Fall, dass die Eltern nicht erreichbar sind, sollte es **schriftliche Vereinbarungen über das Verfahren** bei einem Zeckenbiss geben.

Praktische Konsequenzen: Die Erzieherin wird die Eltern vorab über ihre Absicht, einen Waldausflug mit den Kindern zu unternehmen, **schriftlich informieren.** Bei dieser Gelegenheit sollte sie auf die Notwendigkeit von witterungsangemessener Kleidung, geeigneten Schuhen und Sonnenschutz **hinweisen.** Außerdem können auf einem Abschnitt des Schreibens die Eltern ihr **Einverständnis** zum Ausflug im Allgemeinen, aber auch zum Transport ihrer Kinder in Privat-PKWs sowie zum Entfernen von Zecken erklären. Die **Einverständniserklärungen** können, insbesondere bei Einrichtungen, bei denen regelmäßige Waldtage zur Konzeption gehören, entfallen, wenn die Eltern entsprechende Vereinbarungen schon im Betreuungsvertrag unterschrieben haben. (☛ Einverständnis zum Waldausflug)

Um den empfohlenen Betreuungsschlüssel zu erreichen, können auch **Eltern um Unterstützung bei der Aufsicht gebeten** werden. Ebenso können sie beim Transport der Kinder mit eigenem Auto helfen, vorausgesetzt es liegen nicht nur die Einverständniserklärungen vor, sondern es sind auch **genügend Kindersitze für alle** vorhanden. Grundsätzlich aber ist der Transport der Kinder in einem gemieteten **Bus** oder im öffentlichen Nahverkehr vorzuziehen.

Um ihrer **Informationspflicht** zu genügen, bespricht die Erzieherin mit den Kindern vor dem Ausflug die **Regeln für das richtige Verhalten im Wald:**

- **In Sicht- und Hörweite bleiben!**
- **Keine Waldfrüchte (Beeren, Gräser, Pilze o. A.) in den Mund stecken oder gar essen!**
- **Kein Wasser aus stehenden oder fließenden Gewässern trinken!**
- **Zahme Wildtiere, Kadaver und Kot nicht anfassen!**
- **Nicht mit Stöcken oder Steinen werfen!**
- **Stöcke nicht in Gesichtshöhe halten, nicht mit einem Stock in der Hand rennen, keine Stoßbewegung in Richtung anderer!**
- **Nicht auf Holzstapel klettern!**
- **Nicht auf feuchten oder bemoosten Baumstämmen balancieren!**
- **Nur auf von den Erzieherinnen ausgewiesene Bäume klettern!**
- **Nicht nach Insekten schlagen oder Tiere stören!**
- **Kein Pflücken von Blumen oder Abreißen von Ästen oder Blättern!**
- **Müll wird gesammelt und ordentlich entsorgt!**

Ist der Weg noch nicht bekannt, sollte er **vorher schon einmal abgegangen** werden. Dabei hält man nicht nur Ausschau nach **potenziellen Gefahrenstellen,** sondern auch nach **günstigen Plätzen** fürs Picknick oder bestimmte Spiele. Die **Forstämter helfen** im Übrigen bei der Auswahl geeigneter Bereiche im Wald.

Eine nur schwer einzuschätzende Gefahr im Wald stellt stets das **Totholz** dar. In Wäldern bleiben abgestorbene Bäume zunächst stehen und können plötzlich umfallen. Man sollte daher **nicht neben toten Bäumen picknicken** und auch die anderen Aufenthaltsorte dahingehend überprüfen, ob nicht abgestorbene **Äste** in den Bäumen hängen, **die herabfallen könnten.**

Für Not- und andere Zwischenfälle sollte die Erzieherin Folgendes beim Ausflug dabeihaben:

- **Erste-Hilfe-Tasche**
- **Zeckenzange**
- **Handy** (aufgeladen und mit Netzverbindung im Ausflugsbereich)
- **Telefonnummern** der Kita und der Eltern
- **Liste** der teilnehmenden Kinder
- **Taschentücher / Toilettenpapier**
- **ausreichend Wasser** zum Händewaschen
- **Mülltüten**
- evtl. auch **Wechselkleidung**

Checkliste zur Aufsichtspflicht beim Waldausflug

Einen (rechts-)sicheren Ausflug in den Wald veranstaltet die Erzieherin, wenn sie in der Vorbereitung und Durchführung Folgendes beachtet:

- ☐ Die Personensorgeberechtigten sind frühzeitig **informiert** und haben die ggf. notwendigen **Einverständnisse schriftlich erklärt** sowie weitere **wichtige Informationen** zur Ausstattung der Kinder für den Ausflug erhalten.
- ☐ Sie erkundet **vorab** den Weg durch den Wald hinsichtlich **möglicher Gefahren.**
- ☐ Sie vermittelt den Kindern in der Vorbereitung auf den Ausflug die **Regeln für das richtige Verhalten** im Wald und achtet auf deren **Befolgung beim Waldausflug.**
- ☐ Sie hat für eine der Größe und der „Schwierigkeit" der Gruppe **angemessene Zahl an Aufsichtspersonen** gesorgt **(mindestens 2, möglichst 1 zu 5),** und wenigstens eine Person verfügt über eine **gültige Ersthelferinnenqualifikation.**
- ☐ Sie nimmt eine **Erste-Hilfe-Tasche, Handy** und andere nützliche und hilfreiche Ausrüstung mit.
- ☐ Sie behält im Wald stets den **Überblick über die Gruppe** und ergreift **bei aktuell aufziehenden Gefahren** (z.B. Wetterumschwünge, giftige Pflanzen oder Totholz) die **erforderlichen Maßnahmen.**

MATERIALIEN UND GERÄTE

6

6.1 Elektrische Geräte und Anlagen

Der Fall: Es war gegen 11:40 Uhr, als Erzieherinnen in der städtischen Kindertagesstätte „Ententeich" starken Rauch bemerkten, der aus einem Sicherungskasten quoll. Innerhalb von Minuten und noch vor dem Eintreffen der Feuerwehr konnte das Personal die Kinder rechtzeitig evakuieren. Den Schwelbrand beendete die Feuerwehr schnell mithilfe eines CO_2-Löschers, sodass es nicht zu einem größeren Schaden am Gebäude kam. Nach einer gründlichen Durchlüftung konnte der Kita-Betrieb weitergehen. Aufgeschreckt durch diesen Brandfall wurden aber auch die Verantwortlichen der Stadt.

Warum wurden die Zuständigen der Stadt nervös? – Was müssen Erzieherinnen tun, um Bränden und anderen Unglücken im Zusammenhang mit Elektroanlagen vorzubeugen?

Rechtliche Hintergründe: Nach den **Regeln der Unfallkassen** müssen die elektrischen Anlagen und Betriebsmittel **regelmäßig überprüft** werden. **Fest installierte Anlagen** wie Einbauherde, Sicherungskästen, Lichtschalter und Steckdosen müssen **alle 4 Jahre von einem Fachbetrieb** überprüft werden. **Bewegliche Geräte** wie Kochplatten, Kaffeemaschine, Verlängerungskabel, Computer und Musikabspielgeräte, also all solche, die eine Steckdose brauchen, müssen sogar **jährlich** einem Sicherheits-Check unterzogen werden.

Praktische Konsequenzen: Die Verantwortlichen im obigen Fall wurden auch deswegen nervös, weil sie als Träger (unter Einbeziehung der Leitung) dazu verpflichtet sind, diese Überprüfungen auch wirklich durchführen zu lassen. Es ist ratsam, mit einem Fachbetrieb einen **Wartungsvertrag** abzuschließen, und ihm auch die Überwachung der Termine zu übertragen. Nach durchgeführter Prüfung erhalten die Anlagen eine Plakette, die die Gebrauchstauglichkeit und den nächsten Prüftermin anzeigt. Die Prüfkosten können verringert werden, wenn die Einrichtung über eine ständig aktualisierte **Inventarliste** ihrer ortsveränderlichen Elektrogeräte verfügt und die Geräte zeitsparend zur Prüfung schon einmal zusammengestellt werden. Alternativ zu einem Fachbetrieb kann man die Prüfung der nicht fest eingebauten Elektroanlagen auch von einer darin **unterwiesenen Person**

mit geeigneten Prüf- und Messgeräten (z.B. der Hausmeister) durchführen lassen.

Regelmäßig (alle 4 bis 6 Monate) sollte in der Einrichtung der **Fehlerstromschutzschalter** (RCDs) betätigt werden. Statt leicht – auch von Kindern – zu entfernende Einsätze zu verwenden, sollten besser **Sicherheitssteckdosen** eingebaut sein. In den Gruppenräumen sind nur Herde aufgestellt, die über einen **abschließbaren Schalter** oder Zusatzschalter in Erwachsenenhöhe verfügen.

Darüber hinaus muss auch jede einzelne Erzieherin ein **waches Auge auf die Elektroanlagen** und -geräte der Einrichtung haben, damit Schäden sofort erkannt und umgehend behoben werden können. Vor jedem Einschalten sollte jedes Gerät einer **Sichtkontrolle** unterzogen werden, ob Gehäuse, Kabel und Steckdosen noch in einem ordnungsgemäßen Zustand sind. **Defekte Geräte sind sofort aus dem Verkehr zu ziehen** und unübersehbar als defekt zu kennzeichnen. Auf keinen Fall darf die Erzieherin selber eine Reparatur vornehmen, etwa indem sie um ein schadhaftes Kabel Isolierband wickelt. **„Kabelsalate“** sollten ebenso vermieden werden wie im Weg liegende Elektroverbindungen. **Bewegliche Lampen,** die heiß werden, müssen einen festen Stand fernab brennbarer Materialien haben und gegen direktes Berühren mit einer Abdeckung versehen sein. **Lichterketten** sollten nur mit Trafo betrieben werden und außerhalb der Reichweite der Kinder angebracht werden.

Nicht zuletzt sollte jede Erzieherin auf **ungewöhnliche Geräusche oder Gerüche** beim Betrieb elektrischer Geräte achten. Da so etwas häufig Folge eines Defekts ist, sollte die Erzieherin solche **Warnzeichen** nicht leichtfertig als unbedeutend abtun.

Checkliste für sichere Elektroanlagen in der Einrichtung

- ☐ Die vorgeschriebenen **Überprüfungen** von Elektroanlagen und -geräten werden regelmäßig durchgeführt.
- ☐ Der **Fehlerstromschutzschalter** (FI/RCD) wird alle 4–6 Monate betätigt.
- ☐ Elektrische Geräte werden vor jeder Benutzung einer **Sichtkontrolle** unterzogen.
- ☐ Als defekt oder altersschwach erkannte Geräte sind **sofort nicht mehr zu verwenden.**
- ☐ Sämtliche Stecker, Schalter, Steckdosen, Kabel und Kindersicherungen sind **unbeschädigt.**
- ☐ **Kabelsalat und Kabel als Stolperfallen werden vermieden.**
- ☐ Lampen und Lichterketten werden so aufgestellt bzw. angebracht, dass sie **standsicher, mit Abstand zu brennbaren Materialien** und für die Kinder nicht erreichbar sind.
- ☐ **Ungewöhnliche Geräusche und Gerüche** beim Betrieb werden als Warnsignale wahrgenommen

6.2 Offenes Feuer

Der Fall: Adventszeit in der Kita „Rappelkiste": Erzieherin Sandra sitzt mit ihrer Gruppe im Kreis um eine Kerze herum und will mit den Kindern ein Lied singen, als sie einen heftigen Nies- und Hustenanfall bekommt. Sandra pustet die Kerze aus und geht hinaus, um sich ein Taschentuch zu holen. In ihrer kurzen Abwesenheit möchte der 5-jährige Thomas den anderen Kindern zeigen, dass er schon eine Kerze mit den zurückgelassenen Streichhölzern anzünden kann …

Was muss bei Aktivitäten mit offenem Feuer hinsichtlich der Aufsichtsführung beachtet werden?

Rechtliche Hintergründe: Wenn man in der Gruppe Aktivitäten mit offenem Feuer durchführt, stellt dies **hohe Anforderungen** an die Aufsichtsführung. Im Schadensfall könnte man der Erzieherin sonst eine grobe Fahrlässigkeit vorwerfen, wenn sie ihrer erhöhten Aufsichtspflicht nicht oder nur unzureichend nachgekommen ist. **Brandschutzvorschriften Regeln der Unfallkassen und DIN-Normen** geben weitere Sicherheitsvorkehrungen vor.

Praktische Konsequenzen: Besonders in der Vorweihnachtszeit sind brennende Kerzen, Duftlampen und Lichterketten sehr beliebt, weil von ihnen eine gemütliche Atmosphäre ausgeht.

Nicht nur Stoffe im Raum (Tischdecken, Vorhänge u.A.), sondern auch solche zur Dekoration sollten nach DIN 4102 **flammenhemmend imprägniert oder schwer entflammbar** sein. Stoffe aus synthetischen Fasern wie Polyester, Samt und Nylon sollten zur Dekoration von Raumdecken gar nicht eingesetzt werden, da sie unter Hitzeeinwirkung flüssig werden und als brennende Tropfen sich in die Haut einbrennen können.

Brandschutzunterweisungen sind grundsätzlich für Arbeitsstätten vorgeschrieben, besonders wenn es viel Publikumsverkehr gibt. Die zuständige Feuerwehr schickt Fachleute in die Einrichtungen, die den Erzieherinnen und Kindern erklären, **was im Fall eines Brandes beachtet werden muss.** Kinder sehen bei dieser Gelegenheit auch schon einmal einen Menschen in Schutzausrüstung und mit Atemmaske, der auf Kinder durchaus erschreckend wirken kann. Es wird den Kindern erklärt, dass sie sich im Brandfall nicht verstecken dürfen, sondern sich **umgehend** mit ihrer Gruppe zum **Sammelplatz** auf dem Freigelände begeben müssen. Erzieherinnen sollten darüber hinaus in der **Handhabung eines Feuerlöschers** unterwiesen sein. Wenn auch gesetzlich nicht vorgeschrieben, sollte dennoch auch in Kitas wenigstens einmal im Jahr eine **Brandschutzübung** durchgeführt werden.

Neben dem Telefon der Einrichtung sollte eine **Liste mit Notrufnummern** für alle Fälle liegen. In jedem Gruppenraum sollte ein betriebsbereiter **Feuer-**

löscher vorhanden sein. Schonender für die Umgebung und effektiv bei kleineren Bränden ist dagegen eine Löschdecke. Wenn die Erzieherin mit offenem Feuer arbeitet, sollte neben der **Löschdecke** auch ein **Eimer Wasser** griffbereit sein, um im Ernstfall schnell handeln zu können.

Benutzt man Kerzen im Gruppenraum, müssen die auf einer **feuerfesten Unterlage** aus Porzellan, Glas oder Metall stehen. Ein Adventskranz sollte regelmäßig mit einem Pflanzensprüher feucht gehalten werden, da er sonst mit der Zeit extrem leicht entzündlich wird. Auch andere **brennbare Materialien** wie Servietten oder Tischdecken haben in der Nähe von offenem Feuer nichts zu suchen. Wie der oben geschilderte Fall zeigt, müssen **Kerzen nach dem Löschen** eine Zeit lang **kindersicher** aufbewahrt werden.

Fenster und Türen des Raumes müssen jederzeit **frei passierbar** sein. **Flucht- und Rettungswege müssen stets freigehalten werden** von Hindernissen und Stolperfallen.

Mit der Beachtung der folgenden Checkliste kann im Schadensfall belegt werden, dass in der Einrichtung **alle erforderlichen Vorkehrungen** getroffen wurden.

Checkliste zur Aufsichtspflicht im Umgang mit offenem Feuer

- ☐ **Keine synthetischen Stoffe** zur Dekoration verwenden!
- ☐ Stoffe sind aus **schwer entflammbaren Materialien** oder entsprechend präpariert.
- ☐ Regelmäßig werden **Brandschutzunterweisungen und -übungen** durchgeführt.
- ☐ Ein betriebsbereiter **Feuerlöscher** und eine **Löschdecke** befinden sich in jedem Gruppenraum, in deren Verwendung die Erzieherinnen geschult sind.
- ☐ Kerzen stehen **standsicher** ausschließlich auf einer **feuerfesten Unterlage** und fernab brennbarer Materialien.
- ☐ **Fluchtwege** werden permanent **frei** gehalten.
- ☐ Solange Kerzen brennen, sind die Kinder **nie unbeaufsichtigt.**
- ☐ Neben dem Telefon befindet sich eine **Liste mit Notrufnummern.**

ZUMUTBARKEIT

7

7.1 Aufsichtspflicht im Praktikum

Der Fall: Die 19-jährige **Daniela** ist Praktikantin in der Oberstufe ihrer Ausbildung zur Erzieherin. In der vierten Woche des Praktikums grassiert eine Grippeepidemie, die auch vor den Mitarbeiterinnen der Kindertagesstätte nicht Halt macht. Auch wenn die Leiterin weiß, dass Daniela noch nicht die Gruppenleitung übernehmen sollte, lässt sie der plötzliche Ausfall einer weiteren Fachkraft doch eines Morgens von diesem Prinzip absehen und Daniela darum bitten. Daniela hat sich in den ersten Wochen als sehr fähig im Umgang mit der Gruppe erwiesen und dabei viel Umsicht gezeigt. Daniela ihrerseits freut sich über die in dieser Beauftragung liegenden Anerkennung ihrer Leistung und will die verantwortungsvolle Aufgabe gerne übernehmen.

Darf das Daniela aber als Praktikantin überhaupt?

Rechtliche Hintergründe: Wie in der Einleitung schon erwähnt, versieht der Träger einer Einrichtung die ihm übertragene **Aufsichtspflicht** nicht selbst, sondern **delegiert** sie per Vertrag an seine Mitarbeiterinnen. Wem er seine Aufsichtspflicht per Arbeits- oder Praktikumsplatz überträgt, hängt nicht so sehr vom Ausbildungsstand ab, also ob es sich um eine Sozialpädagogin, Erzieherin, Sozialpädagogische Assistentin oder Praktikantin handelt. Entscheidend ist vielmehr, dass die beauftragte Person **sicher dafür geeignet** ist.

Die **Eignung** zur Aufsichtsführung wird man jemandem zusprechen, der …

- zuverlässig,
- gewissenhaft,
- verantwortungsbewusst,
- fähig zur permanenten Übersicht,
- fähig zum entschlossenen Eingreifen bei Gefahr und
- erfahren in Aufsichtssituationen

ist.

Praktische Konsequenzen: Entsprechend wird eine verantwortungsbewusste Leiterin die alleinige Aufsichtsführung nicht an eine Praktikantin übertragen, die noch am Anfang ihrer Ausbildung steht und noch völlig unerfahren in Praxissituationen ist. Ein entsprechendes **Vertrauen muss sich erst entwickeln.** Dies geschieht, indem Praktikantin und Anleiterin regelmäßig Praxissituationen reflektieren. Dabei geht es u.a. darum, in welchen Situationen sich die Praktikantin sicher, wann unsicher gefühlt hat und wie sie ihre **Fähigkeiten zur Aufsichtsführung weiterentwickeln** kann.

Bei Daniela hingegen stellt sich das ganz anders dar, kann man bei ihr als Fachschülerin im dritten Ausbildungsjahr erwarten, dass sie auch über **rechtliche Kenntnisse zur Aufsichtspflicht** verfügt. Sie hat sich gut **eingearbeitet** und zeigt **Umsicht und Verantwortungsbewusstsein.** Aus eigenem Eindruck und von der Anleiterin weiß die Leiterin, dass Daniela wie eine vollwertige Kraft mitarbeitet. Hätte sie irgendwelche Zweifel an den Fähigkeiten Danielas, dürfte sie ihr selbstverständlich diese Aufgabe nicht übertragen.

Von einer neunzehnjährigen fortgeschrittenen Fachschülerin kann darüber hinaus erwartet werden, dass sie, **falls sie sich überfordert fühlt,** dies auch äußert, die Übernahme der Aufgabe ablehnt und mit an einer anderen Lösung des Problems arbeitet.

Nicht zuletzt erscheint die ausnahmsweise Delegation der Gruppenleitung an Daniela dadurch vertretbar, dass die Leiterin oder eine andere **geeignete Person in der Nähe** mit auf das Geschehen in der Gruppe achten und bei Beratungs- oder anderem Bedarf helfen und unterstützen.

Sollte sich doch eine Aufsichtspflichtverletzung ereignen und kommt im Streitfall das Gericht zu der Entscheidung, dass Daniela doch überfordert und dies auch vorhersehbar war, dann müsste die Leiterin, die die Qualifikation der Praktikantin dafür im Auftrag ihres Trägers überprüft hat, sich für die Aufsichtspflichtverletzung verantworten. Aus diesem Haftungsrisiko aber abzuleiten, man dürfe Praktikantinnen grundsätzliche nie allein die Aufsichtsführung zu überlassen, ist nicht nur **rechtlich falsch,** sondern **beraubt die Praktikantinnen auch wichtiger Bewährungssituationen.**

Checkliste zur Aufsichtspflicht im Praktikum

Vorausgesetzt eine Praktikantin ist

- ☐ **zuverlässig** und **gewissenhaft,**
- ☐ **verantwortungsbewusst,**
- ☐ fähig auf Dauer die **Übersicht** zu behalten,
- ☐ fähig zum **entschlossenen Eingreifen bei Gefahr,**
- ☐ **ausreichend erfahren** mit Aufsichtssituationen,

- ☐ über alle relevanten Daten zur Gruppe und zu den einzelnen Kindern **informiert,**
- ☐ **nicht überfordert** mit vorhersehbaren besonderen Anforderungen durch die Gruppe oder einzelne Kinder,
- ☐ **abgesichert durch eine erfahrene Kraft** in Rufnähe,

dann ist gegen eine Aufsichtsführung durch Praktikantinnen rechtlich nichts einzuwenden.

7.2 Mitarbeit von Eltern und Ehrenamtlichen

Der Fall: In der Kindertagesstätte „Behnckenhof" werden seit einiger Zeit auch Krippenkinder aufgenommen. Dadurch sind z.B. viele pflegerische Tätigkeiten hinzugekommen. Deshalb ist Erzieherin Petra froh, gerade eine Praktikantin in der Ausbildung zur Sozialpädagogischen Assistentin im zweiten Ausbildungsjahr in ihrer Gruppe zu haben. Sie kann ihr einen Teil der Arbeit abnehmen, insbesondere das Wickeln der Kleinkinder. Doch darf die ungelernte Kraft diese Arbeit überhaupt übernehmen?

Was müssen Erzieherinnen beachten, wenn sie Ehrenamtliche oder andere nicht ausgebildete Kräfte in der Gruppe mitarbeiten lassen?

Rechtliche Hintergründe: Eine Fachkraft kann prinzipiell die ihr vom Träger übertragene Aufsichtspflicht selbst wiederum auf Dritte übertragen. Es gibt kein generelles Verbot, die übertragene Aufsichtspflicht weiter zu delegieren. Allerdings muss die Erzieherin bei der Auswahl der ehrenamtlichen Helferinnen **große Sorgfalt** walten lassen und dabei **Grundsätze der Aufsichtspflicht und der Delegation** beachten, um nicht selbst haftbar zu werden.

Auch ehrenamtliche Kräfte in Einrichtungen müssen wie Erzieherinnen gem. **§ 72a Abs. 1 und 3 SGB VIII** bei Einstellungen und Beschäftigung **qualifizierte (erweiterte) Führungszeugnisse** gem. § 30 Abs. 5, 30a Bundeszentralregistergesetz vorlegen.

Praktische Konsequenzen: Die Erzieherin kann Teile ihrer Aufsichtspflicht an eine helfende Person nur dann delegieren, wenn die betreffende Person **geeignet** ist, **hinreichend angeleitet** wird und wenn sich die Fachkraft versichert, dass diese Person die **Erfüllung der übertragenen Aufsichtsaufgaben** gewissenhaft übernimmt. Die Betreffende darf **auf keinen Fall** mit der ihr zugedachten Aufgabe **überfordert** sein.

Es hängt von den **Umständen des Einzelfalls** ab, inwieweit die Fachkräfte sich bei Ausflügen, Festen, aber auch bei der normalen Gruppenarbeit auf die Hilfe dritter Personen verlassen dürfen. Einerseits ist die konkrete Eignung, insbesondere die **Zuverlässigkeit, Lebenserfahrung und Ausbildung** der betreffenden Person, andererseits die **Schwierigkeit der jeweiligen Aufgabe** zu berücksichtigen. Bestehen bereits an der generellen Eignung Zweifel, darf ihr die Aufsichtspflicht nicht übertragen werden. Der Nachweis der Qualifikation wird in der Regel durch Bewerbungsunterlagen, insbesondere qualifizierte **Zeugnisse** geführt.

Ist eine generelle Eignung gegeben, muss die Erzieherin im Weiteren entscheiden, **welche Aufgaben im Rahmen der Aufsichtsführung** der Betreffenden übertragen werden können und in welchem Umfang dies geschehen soll. Ihre Entscheidung wird sie davon abhängig machen,

- wie vertraut die Betreffende mit den Kindern der **Gruppe** und deren Verhalten ist,
- ob sie bereit und in der Lage ist, mit der Fachkraft zu **kooperieren,**
- ob und gegebenenfalls in welchem Umfang sie über einschlägige **Vorerfahrungen** verfügt, eventuell bereits mitgearbeitet hat.

Die Fachkraft muss die für geeignet erachteten Personen bei der Aufgabenwahrnehmung sorgfältig **beraten, anleiten** und **sich vergewissern,** dass sie die Aufgaben erfüllen. Insbesondere hat sie **konkrete pädagogische Aufgabenstellungen** im Hinblick auf die Aufsichtsführung zu vermitteln.

Auch auf die möglicherweise damit verbundenen **Gefährdungen** sollte die Erzieherin hinweisen und geeignete **Maßnahmen zur Verminderung** der Gefährdung ergreifen.

Versehen Ehrenamtliche Tätigkeiten anstelle von Beschäftigten, sind sie **gesetzlich unfallversichert.**

Durch Vereinbarung im Betreuungsvertrag oder entsprechende Absprache mit den Eltern kann die **Möglichkeit, die Aufsichtspflicht zu übertragen, eingeschränkt** werden. Wenn Eltern darauf bestehen, dass ihr Kind nur von ausgebildeten Fachkräften betreut wird, darf die Fachkraft dieses Kind nicht durch Eltern oder Ehrenamtliche beaufsichtigen lassen.

Checkliste für den Einsatz von ehrenamtlichen Kräften für Aufgaben der Aufsichtsführung

- ☐ Die Erzieherin hat sich von der generellen **Eignung** des Bewerbers durch Zeugnisse und Gespräche zu überzeugen.
- ☐ Die Erzieherin **leitet** die Aufgabe des Ehrenamtlers **im erforderlichen Maße** an und gibt **Hinweise zur Arbeitssicherheit.**
- ☐ Sie **vergewissert sich,** dass die Aufgabe von der ehrenamtlichen Kraft auch wirklich **erfüllt** wird.
- ☐ Sie **informiert** die Personensorgeberechtigten der Gruppe über die Delegation.
- ☐ Sie **verzichtet auf den Einsatz** nicht-fachlicher Kräfte, wenn Eltern dies wünschen.

Verwendete und weiterführende Literatur

Kapitel 1

Rae Obermeier & Laymann: Aufsichtspflicht – Eine kurze Einführung …
URL: https://jugendrecht.wordpress.com/gesetze/

Stamer-Brandt, Petra / Ulbrich, Ricarda: basiswissen kita: Von Elternrecht bis Aufsichtspflicht – Rechtliche Grundlagen für die pädagogische Arbeit. Sonderheft der Zeitschrift „kindergarten heute“: Herder: Freiburg i. Br. 22007, 22–29

Kapitel 2.1

Schmidt, Andreas (Landesjugendwerk der AWO MV e. V.) (o. J.): Informationen zum Thema Aufsichtspflicht.
URL: http://www.rechtsfragen-jugendarbeit.de/

Stake, Christian: Welchen Umfang hat die Aufsichtspflicht des Aufsichtspflichtigen über Minderjährige? In: Verbraucherrecht kompakt 06/2004, 91–93. Abrufbar unter URL: http://www.iww.de/quellenmaterial/id/11267

Unfallkasse Nord / Ministerium für Soziales, Gesundheit, Familie und Gleichstellung des Landes Schleswig-Holstein (Hrsg.) (2014): Kinder unter drei Jahren sicher betreuen. Sichere und kindgerechte Gestaltung von Kinderkrippen. (GUV-SI-8982-SH);
URL: https://www.uk-nord.de/fileadmin/user_upload/pdf/publikationen/Kinder_unter_3-Jahren_SI-8982_SH_01.pdf

Kapitel 2.2

Kommunalverband für Jugend und Soziales Baden-Württemberg / Dezernat Jugend – Landesjugendamt (Hrsg.): Schwierigkeiten im sozialen und emotionalen Bereich in Kindertageseinrichtungen. Möglichkeiten im täglichen Umgang. Stuttgart 2013.
Abrufbar unter URL: https://www.kvjs.de/

LVR-Landschaftsverband Rheinland, Köln & LWL-Landschaftsverband Westfalen-Lippe, Münster (Hrsg.): Aufsichtspflicht. Grundlagen, Inhalte, Versicherungsschutz für Tageseinrichtungen für Kinder. Köln/Münster 2013, 43. Abrufbar unter URL:
http://www.lvr.de/media/wwwlvrde/jugend/service/arbeitshilfen/dokumente_94/kinder_und_familien/tageseinrichtungen_f_r_kinder/13_2903_broschuere_aufsichtspflicht_internet.pdf

Kapitel 2.3

Langen, Tanja von: Wie Sie rechtlich auf der sicheren Seite sind. Die häufigsten Rechtsfragen aus dem Kita-Alltag. (Sonderheft der Zeitschrift kindergarten heute: basiswissen kita-management) Herder: Freiburg i. Br. 2010, 14–16

LVR-Landschaftsverband Rheinland, Köln & LWL-Landschaftsverband Westfalen-Lippe, Münster (Hrsg.): Aufsichtspflicht. Grundlagen, Inhalte, Versicherungsschutz für Tageseinrichtungen für Kinder. Köln/Münster 2013, 49 f. Abrufbar unter URL:
https://www.unfallkasse-nrw.de/fileadmin/server/download/Regeln_und_Schriften/Regeln/102-002-2009.pdf

Kapitel 3.1

Langen, Tanja von: Kinder allein unterwegs – wie ist das mit Aufsichtspflicht? In: kindergarten heute 3/2011, 36 f.

LVR-Landesjugendamt Rheinland / LWL-Landesjugendamt Westfalen: Aufsichtspflicht. Grundlagen, Inhalte, Versicherungsschutz für Tageseinrichtungen für Kinder. URL:
https://www.lvr.de/media/wwwlvrde/jugend/service/arbeitshilfen/dokumente_94/kinder_und_familien/tageseinrichtungen_f_r_kinder/13_2903_broschuere_aufsichtspflicht_internet.pdf

Kapitel 3.2

Schmidt, Andreas (Landesjugendwerk der AWO MV e. V.) (o. J.): Aufsichtspflicht / Eingreifen – bevor es zu spät ist.
URL: http://www.rechtsfragen-jugendarbeit.de/

Kapitel 4.1

Schnurr, Heike: Rechtssicherheit bei Kita-Festen In: kindergarten heute 2/2017, 31–34

Unfallkasse Hessen – Kitaportal: Feiern in der Kita. URL: http://kita.ukh.de/fachthemen/kita-alltag/feiern-in-der-kita/

Kapitel 4.2

Langen, Tanja von: Abholzeit – wer hat die Aufsichtspflicht? Die Abholphase rechtssicher gestalten. In: kindergarten heute 8/2007, 36 f.

Langen, Tanja von: Wie Sie rechtlich auf der sicheren Seite sind. Die häufigsten Rechtsfragen aus dem Kita-Alltag. (Sonderheft der Zeitschrift kindergarten heute: basiswissen kita-management) Herder: Freiburg i. Br. 2010, 18–21

LVR-Landschaftsverband Rheinland, Köln & LWL-Landschaftsverband Westfalen-Lippe, Münster (Hrsg.): Aufsichtspflicht. Grundlagen, Inhalte, Versicherungsschutz für Tageseinrichtungen für Kinder. Köln/Münster 2013, 10-15. Abrufbar unter URL: http://www.lvr.de/media/wwwlvrde/jugend/service/arbeitshilfen/dokumente_94/kinder_und_familien/tageseinrichtungen_f_r_kinder/13_2903_broschuere_aufsichtspflicht_internet.pdf

Kapitel 5.1

Unfallkasse Nord (2013): Kinder erleben Wasser. Leitfaden für sicheres und praxisorientiertes Schwimmen und Baden mit Kita-Kindern. URL: https://www.uk-nord.de/fileadmin/user_upload/pdf/publikationen/Kinder_erleben_Wasser_Stand_November2013.pdf

Langen, Tanja von: Damit der Badespaß ein Spaß bleibt – Über die richtige Aufsicht beim Schwimmbadbesuch. In: kindergarten heute 6–7/2009, 36 f.

Radio Bremen – Redaktion „buten un binnen": 7-Jährige ertrunken: Strafe wegen fahrlässiger Tötung gefordert. URL: https://www.butenunbinnen.de/nachrichten/gesellschaft/prozess-fahrlaessige-toetung-moortherme-100.html

Thüner, Cornelia: Ertrinkungsunfälle im Kindesalter. URL: https://www.dlrg.de/fileadmin/user_upload/DLRG.de/BAGEH/VortragTh_ner.pdf

Kapitel 5.2

Deutsche Gesetzliche Unfallversicherung (DGUV): Außenspielflächen und Spielplatzgeräte: (GUV-SI 8017), aktual. Fassung 2008. Abrufbar unter URL: http://publikationen.dguv.de/dguv/pdf/10002/si-8017.pdf

Deutsche Gesetzliche Unfallversicherung (DGUV): Naturnahe Spielräume. DGUV Information 202–019 (bisher GUV-SI 8014), aktual. Fassung 2006.

Langen, Tanja von: Abenteuer Freigelände – naturnah und sicher! In: kindergarten heute 9/2011, 34 f.

Langen, Tanja von: Aufsichtspflicht bei Arbeiten im Außengelände. In: kindergarten heute 5/2014, 32 f.

Langen, Tanja von: Wackelige Wippe und versperrter Notausgang. Jede KiTa braucht eine Sicherheitsbeauftragte. In: kindergarten heute 2/2009, 38–40

Kapitel 5.3

Caliebe, Christiana: Im Großstadtdschungel. In: DGUV Kinder, Kinder Themenheft: Ausflüge mit Kita-Kindern. Ausgabe 2014, 14 f. Abrufbar unter URL: http://kita.ukh.de/fileadmin/ukh.de/Kindertageseinrichtung/Uploads_Kita-Portal/Kiki_OnlineTH_Ausflüge_Kinder_UKH_DS.pdf

Langen, Tanja von: Draußen unterwegs. Ausflüge in die nähere Umgebung und Ihre Aufsichtspflicht. In: kindergarten heute 10/2008, 40 f.